CHAQUE PIÈCE, 20 CENTIMES.
321e ET 322e LIVRAISONS.

THÉATRE CONTEMPORAIN ILLUSTRÉ

MICHEL LÉVY FRÈRES, ÉDITEURS,
RUE VIVIENNE, 2 BIS.

L'ÉTOILE DU NORD

OPÉRA COMIQUE EN TROIS ACTES

PAROLES

DE M. E. SCRIBE

MUSIQUE DE GIACOMO MEYERBEER

Représenté pour la première fois, a paris, sur le Théâtre Impérial de l'Opéra-Comique, le 16 février 1854.

DISTRIBUTION DE LA PIÈCE.

Péters MICHELOFF, ouvrier charpentier...	M. BATTAILLE.	LE GÉNÉRAL TCHÉRÉMÉTEFF................	M. DUVERNOY.
GeorgeSKAWRONSKI, menuisier et musicien.	M. JOURDAN.	LE COLONEL YERMOLOFF................	M. CARVALHO.
CATHERINE, sa sœur................	Mlle C. DUPREZ.	NATHALIE,) vivandières.	Mlle LEMERCIER.
PRASCOVIA, sa fiancée................	Mlle LEFEBVRE.	EKIMONNA,)	Mlle DECROIX.
DANILOWITZ, pâtissier................	M. MOCKER.	IsmaÏLOFF, officier cosaque................	M. D. RIQUIER.
GRITZENKO, Kalmouk................	M. HERMANN LÉON.	Un Ouvrier................	M. CAPRON.
Maître REYNOLDS, cabaretier................	M. NATHAN.	Chœur de soldats et de recrues. — Chœur d'ouvriers charpentiers, Chœur de villageoises.	

La scène se passe, le premier acte en Finlande, le deuxième acte au camp russe, et le troisième au palais du czar, à Saint-Pétersbourg.

ACTE PREMIER

La scène se passe dans un village aux environs de Wiborg, sur les bords du golfe de Finlande. A gauche du spectateur, une maison rustique, celle de Georges Skawronski ; on y monte par un escalier en dehors. A droite, l'entrée d'une église de village. Au fond, des rochers, et à l'horizon le golfe de Finlande.

SCÈNE I.

Plusieurs ouvriers charpentiers et autres sont couchés ou se reposent pendant la première chaleur du jour. D'autres sont assis, leurs femmes et leurs filles viennent de leur apporter leur repas dans des paniers et se mettent à les servir. PÉTERS MICHELOFF est debout devant quelques charpentiers ; il est le seul qui travaille pendant que tous les autres se reposent.

INTRODUCTION.

CHOEUR.

Sous cet ombrage,
Après l'ouvrage,
Délassons-nous de nos travaux !
Heure chérie
Où tout s'oublie,
Où le bonheur est le repos ;
Le vrai bonheur, c'est le repos.

SCÈNE II.

LES PRÉCÉDENTS ; DANILOWITZ avec deux corbeilles de pâtisseries qu'il présente tour à tour aux ouvriers et à leurs fem

DANILOWITZ.

AIR.

Voici ! voici !... qui veut des tartelettes ?
Comme elles sont friandes et bien faites !
Ces macarons nouveaux
Et ces jolis gâteaux

Voyez comme ils sont beaux !
Surtout comme ils sont chauds !
Tout chauds ! tout chauds ! tout chauds !
(S'adressant aux ouvriers qui boivent.)
Qui, la pâtisserie
Fait valoir le bon vin,
Comme femme jolie
Embellit un festin !
Ouvriers francs lurons
Choisissez sans façons !
Amoureux vulgaires,
Vos feux ordinaires
Ne s'allument guères
Que pour quelques jours,
Pâtissier modèle,
Ma flamme éternelle
Et se renouvelle
Et dure toujours.
Venez, venez ! faites emplettes
De ces gâteaux appétissants,
Achetez-les, jeunes fillettes,
Comme mon cœur ils sont brûlants !
Voici ! voici !... Qui veut des tartelettes !
Comme elles sont friandes et bien faites !
Ces macarons nouveaux...
Et ces jolis gâteaux...
Voyez comme ils sont beaux !
Surtout comme ils sont chauds !
Tout chauds ! tout chauds, tout chauds !

LES OUVRIERS, *qui ont pris des gâteaux, font place à table près d'eux à Danilowitz.*

Viens ! et pour te payer prends un verre de schnick !

DANILOWITZ, *tendant son verre.*

Verson !

(*Regardant autour de lui.*)
Je ne vois pas la belle cantinière,
Catherina, qui d'ordinaire
Vient vendre aux ouvriers le nectar de Dantzick ?

LES OUVRIERS, *montrant l'escalier et la maison à gauche.*

Elle n'est pas sortie encore de chez son frère !

D'AUTRES OUVRIERS, *à demi-voix.*

C'est elle que Péters attend, j'en suis certain !

LES FEMMES, *de même.*

Il en est amoureux !

DANILOWITZ, *riant.*

Amoureux !

LES OUVRIERS.

Mais en vain !

PÉTERS, *à part.*

Que j'aurais de plaisir à me mettre en colère
Sans mon serment !

TOUS LES OUVRIERS, *levant leurs verres.*

A la Finlande buvons !
A notre prince trinquons !
En bons Suédois, il faut boire
A ses succès, à sa gloire !
Pour lui versons et buvons!
A Charles douze notre roi,
A Charles douze, moi je bois !
Dieu qui nous entends,
Protège la Suède ;
Viens et défends
Nos foyers et nos enfants !
Que les Russes par ton aide
Soient vaincus de nouveau
Et que la Suède
Soit leur tombeau !

(*A Danilowitz, qui reste assis.*)
Eh bien !... et toi ?...

DANILOWITZ, *se levant.*

Je bois
Au czar Pierre premier !

CHOEUR.

Sur-le-champ tu vas vite
Boire avec nous.

DANILOWITZ.

Non, je suis Moscovite !

CHOEUR.

C'est un affront ! c'est une trahison.
(*Le menaçant.*)
Dis comme nous à l'instant !... ou sinon !...

DANILOWITZ.

Non ! cent fois non !... Non !... non !...

PÉTERS, *se jetant entre Danilowitz et ceux qui le menacent.*

Il a raison !

ENSEMBLE.

DANILOWITZ ET PÉTERS.

Avance ! avance !
De ton insolence
Crains la récompense !
Oui, crains mon courroux !
Venez ! peu m'importe !
Et votre cohorte
Fût-elle plus forte,
Je vous brave tous !

CHOEUR DES OUVRIERS.

Vengeance ! vengeance !
Que leur insolence
Ait sa récompense !
Vous deux contre tous !
Eh quoi ! de la sorte
Chacun d'eux s'emporte !
L'audace est trop forte,
Tremblez devant nous !

(*Au moment où ils vont se précipiter les uns sur les autres, on entend sonner la cloche du port qui annonce la reprise des travaux ; tous s'arrêtent.*)

ENSEMBLE.

C'est la cloche du chantier,
La cloche qui rappelle au travail l'ouvrier !
Plus de combats !... quel que soit leur pays,
Tous les bons ouvriers... au travail sont unis !
Rentrons !... rentrons, mes bons amis !
(*Tous sortent par la porte à droite ou par le fond.*)

SCÈNE III.

DANILOWITZ *revient près de Péters qui est resté seul, debout, au milieu du théâtre.*

DANILOWITZ *à Péters, lui frappant sur l'épaule après un instant de silence.*

Tu es Moscovite ?

PÉTERS.

C'est vrai !

DANILOWITZ.

Comment te trouves-tu dans la Finlande ?

PÉTERS.

Je ne voulais que la traverser... et un jour que je m'étais mis en colère... je suis tombé comme frappé d'un coup de sang... dans ce village.

DANILOWITZ.

Étais-tu donc seul ?

PÉTERS.

Non. Mais des ouvriers avec qui je voyageais, et qui étaient comme toi, qui ne me connaissaient pas... m'ont abandonné... Une jeune fille qui demeure là... (*montrant la maison à gauche*) m'a secouru.

DANILOWITZ.

Mais dès le lendemain tu allais mieux... et tu n'es pas parti ?

PÉTERS.

Ce village me convenait.

DANILOWITZ.

N'est-ce pas plutôt la jeune fille qui te plaisait... ?

PÉTERS.

C'est possible !

DANILOWITZ.

Ils disent tous que tu en es amoureux...

PÉTERS.

Peut-être ! un caprice !...

DANILOWITZ.

Ils prétendent que tu as pris de l'ouvrage (*montrant la droite*)... là, dans ce chantier, parce qu'elle y vient tous les jours vendre de l'eau-de-vie ou du rhum aux ouvriers.

PÉTERS.

La vérité est que son rhum est excellent.

DANILOWITZ.

Ils ajoutent même que pour la voir de plus près, tu vas soir et matin chez son frère George Skawronski, menuisier et ménétrier du village, pour y étudier sur la flûte l'air que Catherine préfère.

PÉTERS.

Qu'est-ce que cela te fait ? Mais, par saint Nicolas, voilà assez longtemps que tu m'interroges... Et toi qui es si curieux, qui es-tu ?

DANILOWITZ.

Danilowitz, Moscovite comme toi, et maître pâtissier ! Mais il n'y a rien à faire en ce pays ; j'ai envie de retourner dans le mien servir le czar Pierre.

PÉTERS.

Bah ! un brutal !

DANILOWITZ.

Je ne dis pas non ! mais il a de la tête, du cœur, et il en donne à ses soldats, qui, rien qu'en entendant retentir la *Marche sacrée*, se feraient tous tuer.

PÉTERS.

Qu'est-ce que c'est que la *Marche sacrée* ?

DANILOWITZ.
Celle que sa garde jouait à Pultawa, et qu'il a, dit-on, composée lui-même.
PÉTERS.
Ah !... il est musicien ?
DANILOWITZ.
Il fait, dit-on, tous les métiers.
PÉTERS.
Tant pis !
DANILOWITZ.
Tant mieux... il y en aura dans le nombre quelqu'un qui me conviendra, et comme je veux arriver...
PÉTERS.
Où cela ?
DANILOWITZ.
Aussi haut que possible.
PÉTERS, le regardant avec étonnement.
C'est justement là que je vais.
DANILOWITZ.
Eh bien, si tu veux faire route ensemble...
PÉTERS.
Tu me suivras ?
DANILOWITZ.
Fût-ce au diable !
PÉTERS.
Il se peut que je t'y conduise.
DANILOWITZ, lui tendant la main.
Alors, tu es mon homme.
PÉTERS.
Tu seras le mien (la lui prenant)... soldat, puis officier.
DANILOWITZ.
Et général !
PÉTERS, riant.
Et prince !...
DANILOWITZ.
Pourquoi pas ?
PÉTERS, de même.
Tu vas plus vite que moi...
DANILOWITZ.
Et des richesses, des honneurs, des plaques, des cordons...
PÉTERS, de même.
Tu ne m'en laisses pas...
DANILOWITZ.
Dame ! quand on prend du ruban !...
PÉTERS.
On n'en saurait trop...
DANILOWITZ.
A tantôt mon brave !
PÉTERS.
A tantôt !
(Danilowitz lui donne une poignée de main et sort.)

SCÈNE IV.
PÉTERS.

PÉTERS, regardant sortir Danilowitz.
En voilà un qui n'est qu'ambitieux !... à la bonne heure, cela peut servir !... Mais amoureux... cela ne sert à rien... et je partirai ! car si je restais plus longtemps, je le deviendrais tout à fait... et je ne le veux pas ! Non, je ne le veux pas !... et pour le lui prouver,... je partirai sans la voir, sans même lui dire adieu... (Regardant la maison à gauche.) Leur fenêtre est toujours fermée... est-ce qu'ils dormiraient encore à cette heure-ci ?... (Entendant la flûte de George.) Non,... non ! voilà mon professeur qui répète l'air favori de Catherine... ma foi, répondons-lui.
(Il prend sur l'établi à droite une flûte et se met à en jouer.)

SCÈNE V.

GEORGE, paraissant au haut de l'escalier.
Bravo ! bravo, mon élève ! très bien !
PÉTERS.
Tu trouves ! tant mieux... car je dois partir aujourd'hui, et je venais prendre ma dernière leçon... Viens, montons chez toi...
GEORGE.
Justement, Catherine, ma sœur n'y est pas, et nous pourrons à notre aise faire des gammes...
PÉTERS, s'arrêtant.
Ah ! Catherine n'y est pas...
GEORGE, à demi-voix.
Elle est déjà sortie... toute seule... et de grand matin.

PÉTERS, vivement.
Et pourquoi ?
GEORGE, lui faisant signe de se taire.
C'est un secret... une histoire amoureuse... et comme tu es mon élève et mon ami, je m'en vais te la dire.
PÉTERS, cherchant à se contraindre.
Oui... oui... ça me fera plaisir... (Brusquement.) Parle, parle donc !
GEORGE, s'asseyant de l'autre côté.
Ma sœur et moi, vois-tu bien ? nous ne sommes pas de ce pays, mais d'un autre bien loin d'ici, du côté de l'Ukraine, entre le Dniéper et le Volga...
PÉTERS.
Il y a de la marge.
GEORGE.
Ma mère, qui, par état, disait la bonne aventure, nous laissa orphelins, ma sœur et moi, à l'âge de dix ou onze ans, sans autre héritage que son talent de lire dans les astres et les chansons bohémiennes qui courent le pays, et que nous n'avons jamais oubliées.
PÉTERS, avec impatience.
Eh bien ?...
GEORGE.
Eh bien... ma mère, en mourant, m'avait confié à ma sœur, quoique je fusse l'aîné, parce que de nous deux c'était ma sœur qui était l'homme ! j'avais peur de tout ; elle, de rien. Or donc, marchant devant nous et gagnant notre vie en chantant, nous sommes arrivés jusqu'ici, en Finlande, il y a près de deux ans.
PÉTERS.
Eh bien !
GEORGE.
Ma sœur a prétendu alors... que nous ne pouvions pas toujours, moi jouer de la flûte, ni elle dire la bonne aventure, qu'il fallait prendre un état ; j'ai choisi, celui de menuisier dans la semaine et de ménétrier le dimanche, sans compter les leçons... quand je trouve des élèves comme toi !...
PÉTERS, avec impatience.
Et Catherine ?...
GEORGE.
Catherine, qui avait encore bien plus d'intelligence que moi, s'est lancée dans le commerce. Du moment qu'elle a eu acheté son premier baril d'eau-de-vie de Dantzig, sa fortune a été faite ; car c'était à qui lui achèterait, tant elle est gentille, avenante et sage !... Ah ! dame ! faut pas y toucher, tu en sais quelque chose... ce soufflet de l'autre jour !
PÉTERS, de même.
Oui, morbleu !... mais cet amour dont tu parlais tout à l'heure...
GEORGE.
Nous y voici... il y avait dans le village, au Grand monarque, un tavernier à qui ma sœur faisait concurrence et qui nous détestait.
PÉTERS, de même.
Et cet amour !...
GEORGE.
Attends donc... Le tavernier avait une nièce, Prascovia, la plus belle fille du village, qui n'a rien, ni moi non plus... et depuis un an, sans rien dire, j'en mourais, j'en desséchais d'amour !
PÉTERS, vivement.
Comment c'était toi ! imbécile ! Et pourquoi ne pas le dire tout de suite ?
GEORGE.
Je n'osais en parler à personne ; mais cette bonne Catherine m'avait deviné ! Elle est sortie aujourd'hui de grand matin en me disant : Calme-toi, frère ! ne t'arrache plus les cheveux ! je reviendrai tantôt avec de bonnes nouvelles. Mais elle est bien longue à revenir !
PÉTERS, gaiement.
Nous l'attendrons !... et si tu veux, d'ici là, prendre notre leçon ?...
GEORGE, allant vers la table, à gauche, placée sous l'escalier, et sur laquelle sont restés des bouteilles et des verres.
J'aimerais mieux prendre autre chose ! un verre de genièvre, par exemple, car rien n'altère comme l'inquiétude et l'attente.
PÉTERS.
Je m'étais promis de renoncer au genièvre ! Mais pour elle, pour Catherine ! rien qu'un verre.
GEORGE, qui a rempli les deux verres.
A ses bonnes qualités ! à ses attraits !
PÉTERS, s'animant et levant son verre.
Verse alors ! verse toujours ! nous boirons longtemps !

SCÈNE VI.

LES PRÉCÉDENTS ; CATHERINE, *paraissant au fond, vêtue en cantinière et portant sur l'épaule un petit baril de rhum.*

CATHERINE.
A merveille ! C'est charmant pour un amoureux ! s'amuser à boire pendant qu'on fait pour lui une demande en mariage.

GEORGE.
Eh bien... quelle nouvelle ! et que t'a dit Reynolds le cabaretier ?

CATHERINE.
PREMIER COUPLET.
Le bonnet sur l'oreille et la pipe à la bouche,
Il trônait, comme un roi, dans son comptoir d'étain.
« Sire, ai-je dit, mon frère aspire à votre couche ;
» Par moi, de votre nièce, il demande la main ! »
Sa majesté, m'accueillant d'un sourire,
Ota sa pipe et voulut bien me dire :
« Celui qui vous envoie ici nous fait honneur !
» Notre nièce est sa femme, et moi son serviteur ! »
(*S'adressant gaîment à Péters et à George.*)
Parlez... Ne suis-je pas un bon ambassadeur ?

DEUXIÈME COUPLET.
Mais les traités de paix engendrent des batailles,
Il voulait peu donner et beaucoup obtenir ;
De son vieux cabaret relever les murailles,
Et comme tous les rois, en un mot, s'agrandir !
J'ai tout promis en adroit diplomate.
Alors m'a dit ce czar, cet autocrate :
« A celui qui t'envoie annonce son bonheur !
» Notre nièce est sa femme, et moi son serviteur ! »
(*A Péters et à George avec finesse.*)
Parlez... Ne suis-je pas un bon ambassadeur ?

ENSEMBLE.
GEORGE.
Vive la diplomatie !
Vive une femme jolie !

PÉTERS.
(*A part, regardant Catherine.*)
Ce serait, sur mon honneur,
Un habile ambassadeur !

GEORGE, *s'adressant à Catherine.*
Mais ces conditions qu'il exigeait pour me donner sa nièce, explique-moi comment tu as pu les exécuter ?

CATHERINE, *frappant sur son baril d'eau-de-vie.*
Est-ce que, depuis deux ans, il n'y a pas là pour moi une mine d'or potable et liquide... rien qu'en tournant le robinet !

GEORGE.
C'est vrai !

CATHERINE.
Et si j'ai rêvé la fortune ce n'était pas pour moi... mais pour toi, frère, que ma mère m'avait recommandé de protéger et d'établir ; mes économies seront ta dot, et tu épouseras celle que tu aimes !

GEORGE.
Non... non... ce n'est pas possible... je n'accepte pas !... car toi aussi, tu dois te marier.

CATHERINE.
Je n'y songe pas...

GEORGE.
Épouser un jour quelque brave garçon... quelque bon ouvrier... qui t'aime !...

CATHERINE, *froidement.*
Je n'en connais pas !

PÉTERS.
Pour ce qui est de ça, Catherine, tu ne dis pas vrai !

CATHERINE, *tournant la tête vers lui d'un air dédaigneux.*
Ah ! vous êtes encore là, maître Péters ?

PÉTERS.
Tu sais bien que quelqu'un a pour toi de l'amour !

CATHERINE.
De l'amour !... allons donc ! est-ce qu'on a le temps d'y songer quand on se grise ou quand on se querelle toute la journée ?...

PÉTERS.
Autrefois c'est possible ! mais j'ai juré...

CATHERINE, *vivement.*
C'est vrai !... vous avez juré de ne plus jamais boire, ni vous disputer... et Danilowitz le pâtissier, que je viens de rencontrer, m'a raconté avec fierté qu'à vous deux tout à l'heure vous vous étiez battus contre tous les ouvriers du port.

PÉTERS.
Ils sont venus nous chercher querelle ! mais ils avaient commencé par me proposer de boire... et je les ai refusés... parce que jamais... je l'ai dit, jamais !

CATHERINE.
C'est pour cela que dans ce moment encore... vous étiez là... le verre à la main...

PÉTERS.
Morbleu !...

CATHERINE.
A merveille... de la colère...

GEORGE, *avec impatience.*
C'est ta faute aussi !

PÉTERS, *vivement.*
N'est-ce pas ?...

GEORGE.
Et si tu le rudoyais moins...

PÉTERS.
C'est justement ce que je dis !

CATHERINE.
Écoute, George ! Te rappelles-tu ce que me disait ma mère... quand elle regardait si attentivement dans nos traits, dans nos yeux...

GEORGE.
Oui...

CATHERINE.
Et la nuit de sa mort... quand elle cherchait à lire pour nous dans les astres !... « Catherine... disait-elle... chacun a son étoile : » la tienne, qui brille au nord, au-dessus de toutes les autres, te » réserve de bizarres destinées... »

PÉTERS, *avec intérêt.*
En vérité...

CATHERINE.
« Quelqu'un viendra qui, par son mérite, s'élèvera bien haut... » et cette fortune qu'il te devra en partie... il la partagera avec » toi ! »

PÉTERS, *vivement.*
Ta mère a dit cela ?

CATHERINE.
C'est vrai ! je l'entends encore... à telles enseignes qu'elle a ajouté... « Tu seras cause par là de la fortune de ton frère... » qui sans cela... »

CATHERINE, *à George.*
Ce n'est pas là ce que j'ai voulu dire... (*se retournant vers Péters*). Mais ceci, Péters ! Lorsque tu étais sans connaissance... près de mourir... que je t'ai secouru... il y avait dans ton regard, au moment où tu revins à la vie, quelque chose de noble, d'élevé, que parfois je retrouve encore... c'est comme un éclair de feu que je n'ai vu briller dans les yeux de personne. Aussi, je me disais... Ce n'est pas là un homme ordinaire...

PÉTERS.
Tu pensais cela...

CATHERINE.
Oui, d'abord... mais maintenant...

GEORGE.
Tu n'as plus la même idée...

CATHERINE.
Non !

PÉTERS, *vivement.*
Et pourquoi ?... Dis-le donc... je le veux !... je le veux.

CATHERINE, *après un instant de silence.*
Voilà un mot que tu prononces trop souvent ! Eh bien, tu veux trop vite et trop vivement pour *vouloir* longtemps ! Je ne te parle pas ici d'amour, mais de tes autres penchants... Tu avais appris l'état de charpentier, et tu le savais à peine que tu as voulu prendre celui de menuisier !... Tu commençais à y réussir que tu as voulu devenir musicien, et comme tu fais déjà quelques progrès, tu vas probablement t'en dégoûter bientôt. Tu commences tout... tu ne finis rien ; or, on n'arrive que par la patience et la persévérance, et tu n'en as pas !

PÉTERS, *s'animant.*
J'en aurai... j'aurai de la fermeté... tu le verras !

CATHERINE.
Erreur !... Tu te crois de la fermeté... parce que tu as de la colère.

PÉTERS, *se contenant à peine.*
Ne répète pas cela !

CATHERINE.
Et dans ce moment même, parce qu'en amie je te dis tes vérités, tes défauts... tu as peine à m'écouter jusqu'au bout et à rester calme !

PÉTERS.
Ah ! ce n'est pas cela... mais c'est toi qui, avec ton sang-froid et ton indifférence, me rendrais furieux, et je ne sais qui me retient...

CATHERINE.

Me battre aussi !... (*Avec fierté!*) Te crois-tu déjà mon seigneur et maître.

PÉTERS.

Pardon ! pardon, Catherine ! c'est plus fort que moi... c'est un malheureux défaut que je n'ai jamais pu réprimer.

CATHERINE.

Qui ne peut se vaincre soi-même, ne sera jamais, ni un bon mari... ni un bon maître !

PÉTERS, *hors de lui.*

Ah ! c'en est trop ! ce mot-là... Catherine... ce mot-là... (*S'arrêtant et cherchant à se modérer.*) Je te prouverai, à toi qui parles... que j'ai une volonté... et que je sais la maintenir... D'abord je venais ici ce matin pour te faire mes adieux !

CATHERINE, *avec émotion.*

Ah !...

PÉTERS.

Mes derniers adieux... Je quitte ce pays.. je n'y reviendrai plus... je ne t'aimerai plus... je t'oublierai !

CATHERINE, *de même.*

Soit !

PÉTERS.

Et tu ne sais pas, Catherine... tu ne sais pas ce que tu perds...

CATHERINE.

Je retrouverai toujours aisément un aussi mauvais caractère... et toi, Péters, tu auras peut-être de la peine à rencontrer une amie aussi sincère !

PÉTERS, *revenant.*

Que dis-tu ?

CATHERINE.

Va-t'en donc !... va-t'en ! tu y es décidé... tu nous l'as dit !

PÉTERS.

Eh bien, oui... je pars !
(*Il fait quelques pas pour sortir.*)

SCÈNE VII.

LES PRÉCÉDENTS, PRASCOVIA.

PRASCOVIA, *entrant avec effroi et en regardant autour d'elle sur la ritournelle de l'air suivant.*

GEORGE, *courant au-devant d'elle.*

Prascovia ! ma fiancée !

CATHERINE, *remontant aussi vers elle.*

Ma belle-sœur !... qu'y a-t-il donc ?

PRASCOVIA.

AIR.

Ah ! que j'ai peur ! ah ! que j'ai peur !
J'ai tant couru !... je me soutiens à peine !
J'ai tant couru... que j'en suis hors d'haleine
Et même auprès de vous mon cœur
Palpite encore de frayeur...
Ah ! que j'ai peur ! ah ! que j'ai peur !
Ah ! ah ! ah ! ah ! ah ! que j'ai peur !
(*Tout le monde l'entoure.*)
Qu'ai-je dit ! quel délire
Un instant me troubla !
Je renais !... je respire !
Près de vous me voilà !
Votre douce présence,
Bannissant la frayeur,
A rendu l'espérance
Et le calme à mon cœur !

RÉCIT.

Et puisque, grâce à vous, ma crainte est apaisée,
Je puis vous dire enfin ce qui l'avait causée.
Apprenez...
(*On entend un roulement de tambours.*)
Ah ! que j'ai peur ! que j'ai peur !
J'ai tant couru !... je me soutiens à peine !
J'ai tant couru... que j'en suis hors d'haleine
Et même auprès de vous mon cœur
Palpite encore de frayeur !
Voyez plutôt !... Ah ! que j'ai peur !
Ah ! ah ! ah ! ah ! ah ! que j'ai peur !

GEORGE.

Sois tranquille, je vais savoir par moi-même...

PRASCOVIA, *qui était à moitié évanouie, se relève vivement.*

N'y va pas ! n'y va pas ! Il y a, dit-on, un corps tartare, commandé par le colonel Tchérémétoff, qui marche sur Wiborg ; mais son avant-garde, qui s'est répandue dans la campagne... vient d'entrer dans le village.

CATHERINE.

Eh bien ?

PRASCOVIA, *tremblante.*

Eh bien ! des Kalmouks, des Baskirs, des pillards qui mettent tout à feu et à sang !

PÉTERS.

C'est ce que nous verrons.

CATHERINE, *se retournant vers lui.*

Ah ! vous n'êtes pas parti ?

PÉTERS.

Il y a du danger pour vous... je reste.

CATHERINE, *lui tendant la main.*

C'est bien !

PRASCOVIA, *continuant.*

Ils ont couru d'abord chez les cabaretiers. Mon oncle, sans s'occuper de moi, s'est sauvé d'un côté, moi de l'autre !... (*regardant George*) de celui-ci !

CATHERINE, *lui serrant la main.*

La ligne droite ! près de ton fiancé, près de la sœur...

PRASCOVIA, *remontant le théâtre et regardant vers la gauche.*

Tenez !... tenez !... les voyez-vous de loin ! ils viennent de ce côté... Que faire ?

GEORGE.

Nous enfuir !

PÉTERS, *saisissant une hache de charpentier.*

Non pas... les arrêter... et je m'en charge !...

CATHERINE, *lui prenant la main et le regardant.*

Ah ! voilà le regard dont je te parlais, et ta main ne tremble pas ! Bien, Péters !... tu as du cœur... (*souriant*) mais tu n'as pas le sens commun. Tu vas, avec ta hache, nous faire tous massacrer... à commencer par toi !

PÉTERS, *brusquement.*

Si cela m'est égal !

CATHERINE, *vivement et avec tendresse.*

Si ça ne m'est pas !

PÉTERS, *poussant un cri de joie.*

Ah ! que dis-tu ?

GEORGE, *regardant vers la gauche.*

Les voici !... les voici !... Nous sommes perdus !

CATHERINE, *qui a aussi remonté vers la gauche.*

Allons donc, regarde plutôt, ne les reconnais-tu pas ?

GEORGE.

La peur m'empêche de distinguer.

CATHERINE.

Ce sont des Tartares de l'Ukraine... Je vous sauverai !... mais pas d'armes.

PÉTERS.

Et quel moyen de défense ?

CATHERINE.

Je m'en charge !... (*A Prascovia et à George, leur montrant la maison à gauche.*) Des verres et des bouteilles !
(*Prascovia et George s'élancent dans la maison à gauche.*)

PÉTERS, *à Catherine.*

Mais que veux-tu faire ?

CATHERINE, *se dirigeant vers la maison.*

Cela me regarde.

PÉTERS.

Je te suivrai.

CATHERINE, *d'un geste impératif.*

Je te le défends... (*elle monte l'escalier et disparaît.*)

PÉTERS, *seul, la regardant sortir.*

Singulière fille ! Mais elle a beau dire... je veillerai sur elle... (*montrant la droite*) et sans me montrer je resterai là, rien que pour voir comment elle mettra en fuite, à elle seule, les Tartares de Tchérémétoff.
(*Il disparaît un instant par la droite.*)

SCÈNE VIII.

GRITZENKO, *s'élançant sur le théâtre à la tête d'un pulk de Kalmouks.*

CHŒUR.

Personne !... Entrons,
Compagnons !
Massacrons et pillons !

CHANSON.

GRITZENKO.

Enfants de l'Ukraine
Et fils du désert,
Hourra
Holla !
Le vent nous amène
Plus prompts que l'éclair !
Hourra

Holla !
Le trépas
Suit nos pas
Et conduit nos bras.
Hourra !
Salpêtre ou bitume
N'est pour nous qu'un jeu ;
Ma pipe s'allume
Aux palais en feu !
De leur toit qui croule
Et flambe à nos yeux,
Dans le sang qui coule
Éteignons les feux !

Tout par le fer
Et pour l'enfer !
À nous le butin,
Fille et bon vin !
De l'or,
De l'or !
Sinon la mort !

(Au moment où ils s'élancent sur l'escalier à gauche, Catherine paraît sur les premières marches ; elle porte un costume de devineresse bohémienne, tenant à la main le tambour de basque. À son aspect, les Tartares reculent et descendent l'escalier avec surprise.)

CATHERINE, *sur les marches de l'escalier.*

RÉCITATIF.

Arrière ! et tremblez à ma voix !
Arrière ! et respectez mes lois !
Depuis quand, Tartares de l'Ukraine,
Bravez-vous
Votre sœur la magicienne
Et son courroux !
Bénie est cette terre,
Vous foulez la poussière
De Wlasta, ma mère,
Que vous connaissiez tous !
Wlasta que l'Ukraine entière
Comme une sainte révère !

CHŒUR, *à demi-voix.*

C'est notre race et notre sang !
C'est merveilleux ! c'est étonnant !

CATHERINE, *leur montrant sa maison.*

Sur ce toit, même après sa mort,
Son ombre auguste veille encor.
Entrez donc ! mais comme amis
En son humble logis !
Malheur à qui peut oublier
Les droits sacrés du foyer !
Anathème sur son sort,
À lui l'opprobre et la mort !

Mais quand notre hôte a respecté
Les lois de l'hospitalité,
Le triangle sonne,
La chanson résonne
Et ses sœurs
Couronnent sa coupe de fleurs !

RONDE, *en s'accompagnant du tambour de basque.*

Il sonne
Et résonne,
Au cœur il résonne
Cet air du pays
Par vous compris.
Tra, la, la, la, la, la !
Venez, frères, venez, je veux
Lire entre vos mains votre avenir heureux !

(Prenant la main de Gritzenko qui la lui présente.)

Toi, naguère paysan,
Vois la chance qui t'attend !
Sous un autre étendard,
Dans la garde du czar,
Tu vas, bonheur sans égal,
Être nommé caporal !

(Solennellement.)

Si ton glaive toujours défend
Et le faible et l'innocent !

CHŒUR.

Ô magie !

Ô génie !
Tiens, voici ma main,
Réponds-nous soudain !

CATHERINE.

Il sonne
Et résonne,
Au cœur il résonne
Cet air du pays
Par vous compris.
Tra, la, la, la, la, la !
Venez, frères, venez, je veux
Lire en vos mains votre avenir heureux !

(Les Tartares reprennent la chanson de Catherine, en riant entre eux et en dansant autour de Catherine. Celle-ci agite son tambour de basque et se dirige vers le fond. Les Tartares la suivent ; elle disparaît en dansant, et les Tartares se précipitent sur ses pas. Tous se sont éloignés.)

SCÈNE IX.

GEORGE et PRASCOVIA, *sortant de la maison à gauche.*

GEORGE, *du haut du balcon.*

Hourra !... Ils la suivent !... ils s'éloignent d'ici ! Elle nous a débarrassés en cadence et en mesure des Tartares de l'Ukraine : est-ce heureux ! (*Descendant avec Prascovia.*) Cours à la recherche de ton oncle.... Moi je vais à l'église, voir le ministre et les témoins, et tout disposer pour ce soir ; vu que de ce temps-ci, il faut se hâter d'être heureux, car on n'est jamais sûr du lendemain. (*Il embrasse Prascovia.*)

PRASCOVIA, *se défendant.*

Prends donc garde, et les Tartares !

GEORGE.

Autant de pris sur l'ennemi !

(*Il sort par la gauche avec Prascovia.*)

SCÈNE X.

CATHERINE, *rentrant par le fond à droite.*

Ils sont loin maintenant ! Nous avons rencontré un appel de trompette qui les a forcés de rentrer au quartier. (*S'asseyant sur un escabeau.*) Respirons un peu !

PÉTERS, *sortant par la droite et s'avançant lentement vers Catherine, qui est assise à gauche.*

Tu es une étrange fille, Catherine ! un courage, un sang-froid !...

CATHERINE, *le regardant.*

Pour ce qui est du courage... tu n'en manques pas non plus... et quant au calme et au sang-froid... je ne t'en aurais jamais cru autant... Tu étais là (*lui montrant la droite*), immobile dans ton coin, le menton appuyé sur la hache, que tu caressais de la main... prêt à fendre la tête au premier qui m'aurait touchée...

PÉTERS, *étonné et avec surprise.*

Qui t'a dit cela ?

CATHERINE.

Je le lisais dans tes yeux !... Mais, grâce au ciel, tu n'as pas bougé...

PÉTERS, *avec amertume.*

Tu m'avais reproché d'être impétueux... furieux... que sais-je ! tu vois que je me corrige...

CATHERINE.

Aussi je suis plus satisfaite ! et cela doit te prouver que si tu avais toujours à côté de toi, quelqu'un pour te modérer et t'empêcher de faire des sottises... (*Geste de Péters.*) Ne vas-tu pas t'étonner ?

PÉTERS.

Non... rien ne m'étonne plus maintenant.... Ce que tu me dis là... ce que tu me disais ce matin de mes défauts... tout cela est vrai... je le reconnais ! Mais jamais, avant toi, personne ne m'avait parlé ainsi !

CATHERINE.

Cela ne prouve qu'une chose ! c'est que tu n'avais pas d'amis !

PÉTERS, *vivement.*

C'est vrai ! (*Mettant sa tête dans ses mains.*) Pas un !... pas un seul !...

CATHERINE, *lui tendant la main.*

Et moi donc ?

PÉTERS.

Tu m'as repoussé !

CATHERINE.

Comme mari, parce que je ne suis pas assez sûre de ton caractère ; mais comme amie... me voici !

PÉTERS.

Ah! merci!... car tant d'obstacles, tant de haines m'environnent!... je suis si malheureux!

CATHERINE, *avec intérêt.*

Toi... malheureux!... (*Souriant.*) Prends garde!... si tu parles ainsi... je vais recommencer à t'aimer!

PÉTERS, *vivement.*

Que dis-tu?

CATHERINE.

Voyons! as-tu assez de confiance en moi pour me raconter toutes tes affaires?

PÉTERS, *souriant.*

Toutes!... ce n'est pas aisé!

CATHERINE.

Crois-tu donc que je ne puisse pas te donner un bon conseil!

PÉTERS.

Si vraiment!

DUO.

CATHERINE.

De quelle ville es-tu?

PÉTERS.

De Moscou!

CATHERINE.

Je suppose
Que ton père y vivait. Quel était son métier?

PÉTERS, *avec embarras.*

Mais... celui que j'exerce.

CATHERINE, *naïvement.*

Habile?

Il était charpentier!

PÉTERS.

Pas trop.

CATHERINE.

Riche?

PÉTERS.

Il avait quelque chose!
Une ancienne maison... édifice très vieux
Qu'il faudrait réparer!...

CATHERINE.

Jeter bas vaudrait mieux
Pour tout refaire à neuf!

PÉTERS, *vivement.*

C'était juste mon rêve!
Mais à tous mes projets un obstacle s'élève.
J'y renonce!

CATHERINE.

Déjà! (*Riant.*) Tu ne sais pas vouloir!
C'est là ma force à moi! Car vouloir, c'est pouvoir.

PÉTERS, *avec intérêt et curiosité.*

Ah! selon toi, vouloir...

CATHERINE.

C'est pouvoir!

PÉTERS.

Que dis-tu là?

CATHERINE.

Jamais, je le suppose,
Tu ne serais qu'un bien pauvre ouvrier.

PÉTERS.

Un assez mauvais charpentier.

CATHERINE.

De toi je veux faire autre chose.

PÉTERS.

En vérité!

CATHERINE.

Quelque chose de mieux!
Et ce sera... (*avec force*) car je le veux!

PÉTERS.

Ah! tu le veux!

CATHERINE, *avec force.*

Oui, ce sera! (*avec coquetterie*) fût-ce pour mes beaux yeux!

ENSEMBLE.

CATHERINE.	PÉTERS, *à part.*
Voilà le mystère!	Noble caractère,
Il faut pour me plaire,	Courageuse et fière,
Par du caractère	Il faut pour lui plaire
Mériter ma foi!	Mériter sa foi!
Veux-tu ma défaite,	Charmante conquête
Veux-tu ma conquête,	Qui pour moi s'apprête.
Obtiens l'épaulette,	Je veux, sûr ma tête!
Et je suis à toi!	Qu'elle soit à moi!

PÉTERS, *la regardant avec admiration.*

A toi, ma bien-aimée,
A toi mon avenir!
Si quelque renommée
Vient jamais l'embellir,
C'est grâce à la mémoire
De tes nobles discours,
Et j'aurai dû ma gloire
A mes premiers amours.
C'est mon étoile en toi que je vois apparaître?

CATHERINE.

La fortune t'attend au milieu des combats.
Ma mère m'a prédit... (*à voix basse*) que mon mari doit être
Un grand homme... un héros! et tu le deviendras!

ENSEMBLE.

CATHERINE.	PÉTERS.
Au son des trompettes,	Au son des trompettes,
Au bruit des tambours,	Au bruit des tambours,
Les palmes sont prêtes,	Les palmes sont prêtes,
A toi sont mes jours!	A toi pour toujours!
Je suis ta promise,	Ta foi m'est promise,
Et jusqu'au retour	Et jusqu'au retour
Garde pour devise	J'aurai pour devise
La gloire et l'amour!	La gloire et l'amour!

PÉTERS.

Tiens, reçois cet anneau! tu le conserveras!

CATHERINE.

Je le jure!

PÉTERS.

C'est bien!

CATHERINE.

Tant que tu m'aimeras!

Sinon... sinon...

PÉTERS.

Ne parle pas ainsi!
L'honneur m'attend là-bas! mais mon cœur reste ici!

ENSEMBLE.

CATHERINE.	PÉTERS.
Au son des trompettes,	Au son des trompettes,
Au bruit des tambours,	Au bruit des tambours,
Les palmes sont prêtes,	Les palmes sont prêtes,
A toi sont mes jours!	A toi pour toujours!
Je suis ta promise,	Ta foi m'est promise,
Et jusqu'au retour	Et jusqu'au retour
Garde pour devise	J'aurai pour devise
La gloire et l'amour!	La gloire et l'amour!

(*Péters embrasse Catherine et sort.*)

SCÈNE XI.

CATHERINE, *seule, essuyant une larme.*

Eh bien... eh bien... qu'est-ce que je fais donc? une larme, je crois!... heureusement il ne l'aura pas vue!

SCÈNE XII.

CATHERINE; GEORGE et PRASCOVIA *entrant par le fond en courant.*

GEORGE.

Vive le mariage! tout est commandé, tout est prêt.

PRASCOVIA, *en costume de mariée.*

Excepté le marié!... Moi, me voilà déjà en grande toilette... tu vois... mais toi!...

GEORGE.

J'ai eu tant de choses à faire... J'ai vu ton oncle Reynolds et me suis entendu avec lui; j'ai prévenu tout le monde à l'église... j'ai prévenu nos témoins, et dans une demi-heure toute la noce et les violons viendront ici prendre le marié.

PRASCOVIA.

Qui ne sera pas même habillé.

GEORGE.

Je le serai! ce ne sera pas long, si je peux, ma petite Prascovia, ne pas penser à toi!

CATHERINE.

Et ta toilette! et ton habit de noces! bavard!

PRASCOVIA.

Bavard!

GEORGE.

Je m'en vais!

PRASCOVIA.

Tu seras en retard!

GEORGE.

Sois tranquille... (*A Catherine.*) Adieu, ma petite sœur! heu-

reux par toi! heureux pour toujours !... je vais m'habiller !
(Il monte en courant l'escalier à gauche.)

SCÈNE XIII.
PRASCOVIA, CATHÉRINE.

PRASCOVIA, *gaiement à Catherine.*
Et moi, pendant ce temps, que je te raconte une aventure !... Le vieux bourgmestre qui t'adore — c'est connu ! — me voyant tout à l'heure, en costume de mariée, m'a regardée d'un air ému... attendri... Tu crois peut-être que je vais sur tes brisées... Rassure-toi !... (*A demi-voix.*) Il m'a priée de te remettre à toi... à toi seule, a-t-il dit, d'un air mystérieux, cette lettre... (*la tirant de sa poche*) quelque billet doux! et d'un bourgmestre : ça doit être drôle !

CATHERINE, *repoussant le billet qu'elle lui présente.*
Lis ! je n'ai pas de secret pour toi !

PRASCOVIA, *ouvrant la lettre vivement.*
Quel bonheur ! (*Parcourant les premières lignes.*) Ah ! mon Dieu !

CATHERINE, *inquiète.*
Qu'est-ce donc ?

PRASCOVIA, *lisant avec émotion.*
« Les officiers moscovites ont imposé la ville à une douzaine
» de recrues, et le bourgmestre te prévient, en ami, que si tu
» ne trouves pas sur-le-champ un remplaçant à George qui est
» désigné... »

CATHERINE, *prenant vivement la lettre qu'elle achève*
« Il partira ce soir même comme soldat ! »

PRASCOVIA, *avec colère.*
Partir ce soir ! Mais c'est indigne ! c'est affreux ! un jeune homme qui allait se marier !

CATHERINE.
Tais-toi ! (*Regardant la maison à gauche.*) George, qui s'habille, va l'entendre !

PRASCOVIA, *pleurant.*
Si encore le mariage avait été fait !

DUO.

Ah ! quel dommage !
Ah ! quels regrets !
Croyez donc au mariage,
Le mien ne viendra jamais !

CATHERINE, *qui pendant ce temps a rêvé.*
Allons, enfant,
Plus de tourment !
Ne pleure plus, et l'on te mariera.

PRASCOVIA, *essuyant ses yeux.*
Vraiment ! vraiment ! il aurait pour cela
Un congé d'une heure !

CATHERINE.
D'une heure !...
Avec notre bourgmestre ici l'on s'entendra !

PRASCOVIA, *riant.*
Quelle joie enivre mon âme !
O bonheur !... ô bonheur ! je serai donc sa femme !
(*Pleurant*)
Mais le quitter une heure après !
C'est peut-être encor plus terrible !
J'en mourrai, je crois, de regrets.
Ah ! ah ! ah ! ah ! ah ! ah !

CATHERINE.
Allons, sèche tes pleurs ! on fera son possible
Pour t'avoir quelques jours.

PRASCOVIA, *vivement et essuyant ses pleurs.*
Combien !

CATHERINE.
Cinq ou six !

PRASCOVIA, *pleurant.*
C'est bien peu, ma sœur ! Ah ! ah !

CATHERINE.
Eh bien !
Si c'était toute une semaine ?...

PRASCOVIA, *gaiement.*
Vrai ! (*Se remettant à pleurer.*) Ah ! ah !

CATHERINE.
Qu'as-tu donc encore à t'attrister ?

PRASCOVIA.
C'est que... quand, le dimanche, il faudra se quitter,
Juge donc pour nous quelle peine !

CATHERINE.
Eh bien !... quinze grands jours ?

PRASCOVIA, *poussant un cri de joie.*
Ah ! j'en rends grâce
On a du moins le temps...

CATHERINE.
Quoi !

PRASCOVIA.
De se dire adieu !

ENSEMBLE.

PRASCOVIA.
Quinze grands jours ! à la bonne [heure.
Quelle ivresse pour des amants !
Voilà malgré moi que je pleure,
Et que je ris en même temps.
Ah ! ah ! ah ! ah !

CATHERINE.
Quinze grands jours ! à la bonne [heure.
Quel avenir pour des amants !
Voilà, joyeuse, qu'elle pleure,
Et qu'elle rit en même temps.
Ah ! ah ! ah ! ah !

CATHERINE.
Mais, songez-y bien ! quinze jours seulement.

PRASCOVIA, *avec regret.*
Pas davantage !

CATHERINE.
Il faut bien que George reprenne son poste, et remplace, à son tour, son remplaçant !

PRASCOVIA.
Un remplaçant !... tu espères donc en trouver ?

CATHERINE.
Oui.

PRASCOVIA.
Je n'en vois pas dans le village !

CATHERINE.
Moi ! j'en connais un, à peu près de sa taille, et que n'effraiera pas l'habit militaire !

PRASCOVIA.
Mais le bourgmestre !...

CATHERINE.
Je me charge de le séduire et d'obtenir son consentement... Quant à la noce, si je n'étais pas de retour, faites qu'on ne m'attende pas... Je vous rejoindrai...

PRASCOVIA, *gaiement.*
Plus tard !... à l'église. (*L'embrassant.*) O ma bonne petite sœur, que de zèle... de dévouement !... qui pourra jamais les payer !

CATHERINE.
Le bonheur de mon frère... et le tien. Adieu ! voici la noce...
(*Elle rentre dans la maison à gauche.*)

PRASCOVIA.
C'est vrai !... Mon oncle Reynolds et tous nos amis qui viennent chercher le marié...

SCÈNE XIV.
MAÎTRE REYNOLDS, PRASCOVIA, MÉNÉTRIERS, GARÇONS et FILLES de la noce. (*Les ménétriers accordent leurs violons, et vont se placer sous l'escalier qui conduit à la maison de George.*)

FINALE.

CHOEUR *des jeunes filles.*
Prenez vos habits de fête
O le plus beau des maris !
Car voici, musique en tête,
Vos parents et vos amis !

CHOEUR *des ménétriers jouant sur leurs instruments.*
Zon, zon, zon, zon, zon, zon,
L'amour frappe à la maison.
Zon, zon, zon, zon, zon, zon !
L'amour frappe !... ouvrez-lui donc !

MAÎTRE REYNOLDS, *gravement.*
L'usage, dans notre pays,
Est que, le premier jour, l'époux se fasse attendre.
C'est un emblème !

PRASCOVIA.
En quoi ?

MAÎTRE REYNOLDS.
Pour mieux faire comprendre
Qu'il est et qu'il sera le seul maître au logis !

PRASCOVIA, *regardant avec impatience du côté de la porte.*
De l'usage il abuse...

CHOEUR *de jeunes filles.*
Et c'est un vrai scandale !

MAÎTRE REYNOLDS, *à Prascovia.*
C'est à la fiancée, alors, à lui chanter
De nos aïeules l'air !... cet air dont la morale
Est d'inviter
L'époux à se hâter !
Le sais-tu ?
PRASCOVIA.
Sans aucuns doutes !
(*Regardant les jeunes filles.*)
ci nous le savons toutes !
(*Se tournant du côté de la porte de George.*)
PREMIER COUPLET.
En sa demeure,
Quand sonne l'heure,
Qui donc retient l'heureux époux ?
CHOEUR.
Loin de nous !
PRASCOVIA.
Sa fiancée,
Plus empressée,
Déjà se trouve au rendez-vous !
CHOEUR.
Sans époux !
PRASCOVIA, *avec finesse.*
On en pourrait être moins tendre...
Vous en seriez contrarié !
Ne vous faites donc pas attendre,
Venez, monsieur le marié !
CHOEUR *des jeunes filles.*
C'est un danger, souvent, de faire attendre.
Paraissez donc, monsieur le marié !
PRASCOVIA.
DEUXIÈME COUPLET.
Voici la danse !
Elle commence
Là-bas sous les arbres en fleurs.
CHOEUR.
Tout en fleurs !
PRASCOVIA.
La foule est grande !
Notre Finlande
Ne manque pas de beaux danseurs !
CHOEUR.
Pleins d'ardeurs.
PRASCOVIA.
On pourrait prendre votre place,
Vous en seriez contrarié !
Prudemment, hâtez-vous de grâce,
Venez, monsieur le marié !
CHOEUR *des jeunes filles.*
Oui, des absents, parfois, on prend place,
Paraissez donc, monsieur le marié !
GEORGE, *paraissant en manches de chemise en haut de l'escalier à gauche.*
Me voici, mes amis ! plus qu'un instant, de grâce !
C'est mon habit... mon habit que je passe,
Et je suis à vous !

Il rentre dans la maison. En ce moment passent, au fond du théâtre et au son du tambour, plusieurs recrues conduites par des soldats ; elles montent sur la jetée, du haut de laquelle elles doivent s'embarquer. Air de marche.

ENSEMBLE.

CHOEUR *des soldats.*
Plan ! plan ! plan ! plan !
Marchez, soldats,
Marchez au pas !
L'honneur qui vous attend là-bas
Doit désormais régler vos jours
Au son du fifre et des tambours !
Marchez, soldats,
Marchez au pas !
Plan ! plan ! plan ! plan plan !
PRASCOVIA et GEORGE.
Tic-tac, tic-tac, tic,
Ah ! pour nous quel doux pro-
Tic-tac, tic-tac, 'nostic !
Amour, j'en crois ton almanach.

CHOEUR *des ménétriers et de la noce.*
Zon, zon, zon, zon, zon !
L'amour frappe à la maison !
Zon, zon, zon, zon, zon, zon !
L'amour frappe, ouvrez-lui donc.
Zon, zon, zon, zon, zon, zon !
Etc., etc.

REYNOLDS et ses AMIS, *buvant.*
Glou, glou, glou, glou,
Que pour moi ce bruit est doux !
Glou, glou, glou, glou,
Buvons à ces deux époux
(*On entend sonner les cloches de l'église.*)
REYNOLDS.
Voici l'heure, et dans la chapelle,
Heureux époux, le pasteur vous appelle.

Entendez-vous, déjà l'on prie ici pour vous !
GEORGE (*parlé*).
Et Catherine... où donc est-elle...
PRASCOVIA.
Ne t'inquiète pas ! elle nous rejoindra à l'église ! c'est elle qui me l'a dit !
(*Sur le devant du théâtre, les filles de la noce placent sur la tête de Prascovia la couronne et le voile de mariée, d'autres de ses compagnes lui attachent le bouquet. Pendant ce temps, Catherine, enveloppée d'un manteau, monte au milieu d'autres recrues sur la jetée : elle regarde Prascovia, son frère et le groupe, qui tous sont agenouillés sur le devant du théâtre.*)
CATHERINE, *du haut de la jetée.*
Tu m'avais dit, ma mère,
En montant vers les cieux,
De protéger mon frère,
Et mon frère est heureux !
Tu le vois... j'ai rempli tes vœux
Il est heureux !
O ma mère,
Viens nous bénir et veille sur nous deux !
AUTRES RECRUES, *s'adressant à Catherine.*
Allons donc, plus de tristesse,
Et qu'à ta belle maîtresse
L'écho redise pour adieux
Du marin les chants joyeux !
CATHERINE.
Navire que le flot balance,
Sur ton bord lorsque je m'élance,
Qu'à mes amis l'écho joyeux
Redise encor mes chants d'adieux !
(*Elle descend sur la barque qui commence à s'éloigner, et George, qui vient d'embrasser Prascovia, se dirige avec elle et toute la noce vers l'église.*)
CATHERINE, *sur la barque qui s'éloigne.*
Navire que le flot balance,
Sur ton bord lorsque je m'élance,
Qu'à mes amis l'écho joyeux
Redise encore mes chants d'adieux !
(*Catherine envoie un dernier adieu à son frère, qui ne le voit pas. La barque disparaît. La toile tombe.*)

ACTE DEUXIÈME.

Un camp russe. — Des tentes au fond. A droite et à gauche, des soldats de différentes armes, groupés différemment. Des faisceaux de fusils, des affûts de canon, etc., etc. NATHALIE, EKIMONNA et d'autres vivandières circulent dans le camp ou valsent avec les soldats. ISMAÏLOFF, GRITZENKO.

Au lever du rideau tout le monde valse. Les danseuses sont habillées partie en recrues, partie en jeunes tambours. Les femmes des chœurs (aux deux tiers) de même.

SCÈNE I.

GRITZENKO, *s'avançant.*
Assez danser ! assez valser !
Plus que le schuick ça vous tourne la tête !
Maintenant, mes amis, le petit chansonnette.
Cosaque, à vous de commencer.
ISMAÏLOFF.
Volontiers ! sans blesser ici la modestie,
Je puis, je pense, caporal,
Vous dire un couplet jovial
En l'honneur de la cavalerie !
(*Il s'avance au milieu des hussards qui l'entourent.*)
PREMIER COUPLET.
Gentil Cosaque au cœur d'acier
Sur son coursier s'élance,
S'élance.
Il défierait le monde entier
Quand il brandit sa lance !
Sonnez, clairons ! Tout aussitôt
Le voyez-vous partir au trot,
Chassant le fantassin timide !
Et tout frémit au galop

De son coursier rapide !
Hop, hop, hop, hop !

DEUXIÈME COUPLET
Gentil Cosaque aime à changer,
Aux belles s'il veut plaire,
La guerre
L'a rendu téméraire !
Il est permis d'être léger
Dans la troupe légère !
Perçant les cœurs
De traits vainqueurs,
Ce modèle des séducteurs
Se rit de la beauté timide !
Et les amours en pleurs
Suivent son coursier rapide,
Hop, hop, hop, hop, hop, hop !

GRITZENKO, *s'avançant*.
RÉCITATIF.
Un instant ! ce refrain me semble attentatoire
Au corps des grenadiers dont je suis caporal,
Et je veux, à mon tour, défendre ici leur gloire
Par un couplet belliqueux... et loyal !

LES GRENADIERS, *entourant Gritzenko*.
Il a raison ! honneur au caporal !

GRITZENKO, *s'adressant à Catherine et aux jeunes recrues qu'il fait manœuvrer*.
Allons, jeune recrue, un peu d'axe, et ne fût-ce
Que pour manœuvrer gentiment,
Écoutons attentivement
Le bréviaire guerrier du beau grenadier russe.
(*Pendant la ritournelle de la chanson, les danseuses habillées en recrues font l'exercice, commandées par Gritzenko.*)

PREMIER COUPLET.
Grenadiers moscovites,
Je dirai vos mérites !

CHOEUR *imitant le tambour, et ainsi de suite tous les deux vers*.
Trum, trum, trum, trum !

GRITZENKO.
Pour l'audace et la grâce,
Aucun ne vous surpasse !

CHOEUR.
Trum, trum, trum, trum !

GRITZENKO, *les montrant de la main*.
Dans un jour de bataille
C'est comme une muraille,
Pour qui bombe et mitraille
Ne sont qu'un pur agrément !

CHOEUR.
En avant, en avant !
Trum, trum, trum !

GRITZENKO.
Va, va, va, va, marche en avant !

DEUXIÈME COUPLET.
C'est surtout près des belles,
Même les plus rebelles,
Que du grenadier russe
On admire l'astuce !
Nulle rigueur ne lasse
Un amour si tenace,
Il fait fondre la glace
Par le feu du sentiment !

CHOEUR.
En avant, en avant !

GRITZENKO et le CHOEUR.
Va, va, va, va, marche en avant,
Toujours en avant !

(*A la fin de cette scène, Catherine arrive avec les nouvelles recrues venant de faire l'exercice et le fusil sur l'épaule, et se rangeant à droite sur le théâtre, Gritzenko leur commande deux ou trois mouvements : Portez armes ! Présentez armes ! Bas les armes ! — NATHALIE et EKIMONNA viennent offrir des verres de brandevin aux jeunes soldats, qui acceptent. Pendant ce temps, les soldats des autres armes se sont peu à peu éloignés. CATHERINE, qui a placé son fusil près de la guérite à gauche, s'est assise au pied de l'arbre qui est au milieu du théâtre, et se repose en regardant valser ses camarades. Le caporal GRITZENKO se promène et passe et repasse devant CATHERINE qu'il semble examiner attentivement.*)

SCÈNE II.
CATHERINE, NATHALIE et EKIMONNA ; GRITZENKO
se promenant et regardant toujours Catherine

CATHERINE.
Ah ! il fait chaud !

NATHALIE, *s'adressant à Catherine*.
Oui, le métier est rude pour une recrue ! le jeune soldat voudrait-il se rafraîchir ?

EKIMONNA.
Du genièvre ou de l'excellente eau-de-vie de Dantzick ?

CATHERINE.
A moi ! (*A part et regardant en souriant les deux vivandières.*) Voilà pourtant comme j'étais ! (*Haut.*) Merci, mesdemoiselles.

NATHALIE.
Est-ce la soif qui te manque ?

EKIMONNA.
Ou la caisse militaire qui est à sec ?

CATHERINE, *frappant sur son gousset*.
C'est possible... la paie est rare dans l'armée moscovite.

NATHALIE.
N'est-ce que ça ?... nous savons faire crédit.

CATHERINE, *à part*.
Toujours comme moi !

EKIMONNA.
Surtout aux jolis garçons !

CATHERINE, *à part*.
Ce n'est plus comme moi !

EKIMONNA.
Je ne demande rien que la préférence !

NATHALIE.
Moi de même, et j'ai parlé la première.

CATHERINE, *à part regardant Gritzenko*.
Qu'est-ce qu'il a donc ce caporal... à me regarder ainsi ? est-ce qu'il se douterait de quelque chose ? (*A Ekimonna et à Nathalie.*) Vous êtes bien bonnes, mesdemoiselles, mais il faudrait toujours s'acquitter.

EKIMONNA, *avec coquetterie*.
Vous tenez donc décidément à payer ?

CATHERINE.
Certainement !

NATHALIE.
Eh bien... un joli soldat tel que vous s'acquitte avec un baiser.

CATHERINE, *se récriant*.
Par exemple !... (*Regardant Gritzenko*.) Et ce caporal qui observe toujours... refuser lui donnera des soupçons..

EKIMONNA.
Comment, monsieur, vous hésitez ?

CATHERINE.
Du tout ! (*Aux deux vivandières.*) Je ne prends rien et je paie !
(*Il donne un baiser à Nathalie et deux à Ekimonna.*)

EKIMONNA, *souriant*.
Payer double !...

NATHALIE, *avec dépit*.
Quelle générosité !

EKIMONNA, *avec naïveté*.
Faut-il vous rendre, monsieur le soldat !

CATHERINE.
Non, non !... ça se trouvera avec autre chose... Mais, tenez, on vous appelle là-bas...

NATHALIE, *avec coquetterie*.
Monsieur le soldat nous conservera donc sa pratique ?

CATHERINE.
Oui, sans doute.

EKIMONNA et NATHALIE, *faisant la révérence*.
C'est bien de l'honneur pour nous !
(*Elles sortent en courant et en riant.*)

SCÈNE III.
GRITZENKO, CATHERINE.

CATHERINE, *avec fatuité*.
Ah ! j'espère que maintenant le caporal n'aura plus de doutes... s'il en avait... Eh ! si vraiment ! ses yeux ne me quittent pas d'un instant...
(*Elle se met à fredonner d'un air indifférent.*)

GRITZENKO.
Jeune soldat, quel air te permets-tu de chanter là ?

CATHERINE.
La marche du czar !..

GRITZENKO.
C'est défendu.
CATHERINE.
Allons donc !... la *Marche sacrée.*
GRITZENKO.
C'est égal ! le colonel Yermoloff a défendu à notre de la jouer.
CATHERINE.
Pourquoi ?
GRITZENKO.
Je n'en sais rien ! dans le militaire on obéit et l'on ne raisonne pas ! (*Gravement.*) Approche ici, jeune soldat !
CATHERINE, *près de refuser.*
Moi ! (*A part.*) Allons ! obéissance passive ! il n'y a pas à plaisanter avec la discipline moscovite ! (*S'approchant de Gritzenko.*) Me voici, caporal !
GRITZENKO.
Regarde-moi, maintenant... Je te dis de me regarder... ce n'est pas désagréable, je pense.
CATHERINE, *le regardant.*
Au contraire, caporal !...
GRITZENKO.
Surtout depuis que j'ai coupé ma barbe ! (*avec un soupir*) car il l'a fallu ! Et par Sakinka, mon patron, on ne nous permet que la moustache... et encore !...
CATHERINE, *à part.*
Que diable me veut-il ?... (*A Gritzenko qui le regarde toujours.*) Qu'est-ce que vous trouvez donc à mon visage ?...
GRITZENKO.
Je le trouve incompréhensible... attendu que tu ressembles comme deux grains de poudre... à une jolie fille... une cantinière que j'ai rencontrée dernièrement en Finlande, dans les environs de Wiborg.
CATHERINE.
Une cantinière... avec un baril de Dantzick première qualité !
GRITZENKO.
De la bonne eau-de-vie, ma foi !
CATHERINE.
C'était ma sœur !
GRITZENKO.
Je comprends maintenant la similitude ! les mêmes traits, la même taille... pas plus haute qu'un sabre de cavalerie, mais ayant le diable au corps... Sakinka !
CATHERINE, *vivement.*
Outrager ma sœur !
GRITZENKO.
On ne l'outrage pas, jeune recrue, on veut seulement vous dire, par là, qu'il y a une douzaine de jours... moi, Gritzenko, je n'étais rien qu'un pandour enrôlé dans les Kalmouks de l'Ukraine... troupe irrégulière, non soldée et n'ayant pour paie que le pillage, qui ne donne pas toujours... parce que le paysan qu'on a pillé la veille est stupide, Sakinka ! impossible de le faire contribuer le lendemain !
CATHERINE.
Il se défend !
GRITZENKO.
Non !... il n'a plus rien ! ni nous non plus ! Sakinka !
CATHERINE, *avec impatience.*
Eh bien ?
GRITZENKO.
Eh bien, tout en me versant du Dantzick, la cantinière... je veux dire la sorcière... m'avait prédit que j'entrerais dans la garde impériale... ça n'a pas manqué ; j'ai été nommé par ordre non-seulement soldat... mais caporal !... rien que cela, Sakinka !
CATHERINE.
Est-il possible !...
GRITZENKO.
Vous en voyez les galons !... sans le *visa* desquels je n'y croirais pas encore !
CATHERINE, *haut à Gritzenko.*
Et ainsi nous voilà caporal dans la garde, gagnant six kopecks par jour !
GRITZENKO, *à demi-voix.*
Bien davantage !... vingt, trente, quarante kopecks chaque soir !
CATHERINE.
Comment cela ?
GRITZENKO.
Toujours par suite de la fortune... que la sœur a vue là... dans ma main !... On a beau être caporal... ça n'empêche pas les soucis et les regrets. Je n'en avais qu'un... celui de ma barbe qu'il m'avait fallu couper pour entrer dans la garde... c'est l'ordre despotique et formel du czar... et j'en gémissais un jour... quand un officier qui m'entendit... me serra la main en me disant à voix basse : — C'est bien, Tu es des nôtres !... prends ce papier et lis... — Oui, mon officier. — Aussi, fidèle à la consigne, j'ai pris le papier et ne l'ai pas lu, Sakinka !
CATHERINE.
Pourquoi ?
GRITZENKO.
Parce que je ne sais pas lire !... mais le papier contenait vingt kopecks que j'ai placés la (*montrant son gousset*), et le lendemain au soir, en passant rapidement devant moi, on m'a demandé : — As-tu exécuté mes ordres ? — Oui, mon officier, autant que j'ai pu ! — Bien ! continue ainsi. Et il m'a remis un autre papier qui contenait trente kopecks, et hier soir, quarante... en me disant : — Place-les de même ?... ce que j'ai fait... (*Montrant son gousset.*) Mais bientôt il n'y aura plus de place... tant il y a foule... Sakinka !
CATHERINE, *avec finesse.*
C'est que vous avez gardé les papiers ?
GRITZENKO.
Oui, sans doute...
CATHERINE.
C'est un tort... ça tient de la place.
GRITZENKO.
C'est juste !
(*Il les tire de sa poche et va pour les déchirer.*)
CATHERINE, *le retenant.*
Un instant... je peux vous dire ce qu'il y a là... moi qui sais lire...
GRITZENKO, *avec étonnement.*
Tu sais lire...
CATHERINE.
Sans doute !
GRITZENKO.
Et tu ne sais pas faire l'exercice... voilà un cadet singulièrement éduqué ! (*A Catherine qui a pris les papiers et qui les lit.*) Eh bien... qu'y a-t-il ?
CATHERINE.
Il y a : *Gratifications pour le caporal Gritzenko.*
GRITZENKO.
Preuve que la lecture est inutile, car sans le savoir... j'avais deviné cela...
CATHERINE, *à part, lisant le papier.*
« Dix kopecks par jour, pour chacun des soldats que le caporal » enrôlera dans mon entreprise... » Quelle entreprise ? et qu'est-ce que cela signifie ?
GRITZENKO.
Silence !... voici mon colonel, avec d'autres de ses amis !... le colonel Yermoloff, un ancien Strelitz. Saluez, jeune soldat.
(*Gritzenko et Catherine portent la main à leur front et restent immobiles.*)

SCÈNE IV.

LES PRÉCÉDENTS, LE COLONEL YERMOLOFF ; *derrière lui plusieurs* OFFICIERS ; *puis* ISMAILOFF.

YERMOLOFF, *à voix haute à Gritzenko.*
Caporal !... (*A voix basse.*) Tout va-t-il bien ?
GRITZENKO, *toujours droit et immobile.*
Oui, colonel !
YERMOLOFF, *de même.*
As-tu de nouveaux amis ?
GRITZENKO, *de même.*
Oui, colonel !
YERMOLOFF, *montrant Catherine qui est aussi restée immobile, la main collée à son front.*
Ce jeune soldat en est-il ?
GRITZENKO, *de même.*
Oui, colonel !... c'est une recrue !
YERMOLOFF.
C'est bien... Si j'ai des ordres à envoyer... il peut rester ici. (*A Gritzenko*) Préviens le major que, dans l'instant même, le général Tchérémétieff va passer le régiment en revue.
(*Gritzenko porte la main à son bonnet et sort.*)
CATHERINE, *à part.*
Qu'est-ce que ça signifie ? Après tout, ça ne me regarde pas.
(*Elle s'éloigne.*)

SCÈNE V.

YERMOLOFF, ISMAILOFF, *et plusieurs* OFFICIERS *de différentes armes entrant l'un après l'autre. Yermoloff et les principaux officiers parlent entre eux à demi-voix.*

ISMAÏLOFF.
Quelles nouvelles, colonel?
YERMOLOFF.
Une proclamation du czar.
ISMAÏLOFF.
Qui nous est adressée! C'est étonnant! car, pour nous, le czar est un inconnu qui nous compte à peine parmi ses soldats.
YERMOLOFF.
Il est vrai que jusqu'à ce jour... jamais cette division de l'armée russe n'a été honorée de sa présence.
ISMAÏLOFF.
Et que dit la proclamation?
YERMOLOFF.
Elle établit le knout dans l'armée... pour les officiers comme pour les soldats!
ISMAÏLOFF.
Ce n'est pas possible.
YERMOLOFF.
Si cela était, que diriez-vous? que feriez-vous?
ISMAÏLOFF.
Ce que nous ferions? demandez-leur à tous.

CHOEUR, *avec indignation.*

Assez d'opprobre! assez d'affronts,
Ont fait rougir nos fronts!
Assez longtemps ce czar si fier
Nous a brisés d'un joug de fer!
Sans murmurer de tant de maux
Nous vîmes le fer des bourreaux!
Mais le knout!... la honte à subir...
Jamais!... plutôt mourir!

(*En ce moment, les tambours battent aux champs. Officiers et soldats courent se ranger en ligne. Paraît le général* TCHÉRÉMÉTEFF, *qui vient de la droite, et passe devant le front de bataille.*)

CHOEUR *général.*

Flottez dans l'air, drapeaux vainqueurs!
Sonnez, clairons! et ranimez nos cœurs!
A vos accents, au signal du combat,
Tressaille l'âme du soldat!

(*Les troupes défilent devant le général. Celui-ci, avant de partir, donne à voix basse des ordres à quelques soldats, puis il fait signe à Gritzenko, qui vient de rentrer, de s'approcher de lui.*)

GRITZENKO, *immobile et portant la main à son bonnet de grenadier, pendant que le général lui parle à l'oreille.*

Oui, général! oui, général!
(*Le général sort.*)

GRITZENKO, *toujours immobile.*

Le général en chef... quel honneur!... me promettre vingt coups de canne... lui-même... si ses ordres ne sont pas exécutés... Ils le seront! (*Aux ouvriers qui commencent à dresser une tente.*) Dépêchez-vous, moujiks, ou je vous donne sur-le-champ, et comptant, ce que le général m'a promis (*levant sa canne*), Sakinka!

SCÈNE VI.

LES PRÉCÉDENTS; CATHERINE, *et deux jeunes soldats entrant par la droite, le fusil sur l'épaule.*

CATHERINE.
Qu'est-ce donc, caporal?
GRITZENKO.
Une tente que le général a donné ordre de dresser en cet endroit pour deux officiers supérieurs.
CATHERINE.
Lesquels?
GRITZENKO.
Ça ne me regarde pas! (*Regardant Catherine et les deux jeunes soldats.*) Portez armes!
CATHERINE.
A quoi bon!
GRITZENKO.
On ne raisonne pas... Portez armes!... J'ai ordre de placer trois factionnaires autour de cette tente.
CATHERINE.
Trois!...
GRITZENKO.
On ne raisonne pas!... Avancez à l'ordre. La consigne est de vous promener tous trois cette nuit, au clair de la lune...
CATHERINE.
Tiens!

GRITZENKO.
On ne raisonne pas!... (*A un des soldats.*) Toi devant cette tente... (*à un autre*) toi, à gauche... (*à Catherine*) toi, à droite... C'est là mon ordre de bataille.
CATHERINE, *murmurant entre ses dents.*
Est-il bête!...
GRITZENKO.
On ne raisonne pas... (*Bas à Catherine.*) Toi, comme je te protége... (*lui montrant une guérite qui est à gauche du spectateur*) je te permets de te promener de la guérite à la tente, ou de la tente à la guérite... à ta volonté... jusqu'à ce qu'on vienne te relever.
CATHERINE.
Et d'ici là si je meurs de froid?...
GRITZENKO.
On ne raisonne pas... Sakinka!... A vos postes... Demi-tour... marche! (*Les deux soldats disparaissent par le fond, derrière la tente; Gritzenko sort. Catherine reste debout près de la guérite à gauche.*)

Pendant la scène précédente, des soldats ont élevé une grande et belle tente qui tient dans toute sa largeur les deux tiers du théâtre. — Au fond, et sur les côtés, les rideaux sont fermés; ceux qui font face au spectateur sont relevés et laissent voir l'intérieur de la tente qui est richement décorée. — Des chaises, une table.

De la guérite à la tente, le tiers du théâtre est libre; c'est dans cet espace que Catherine se promène, le fusil sur l'épaule, pendant qu'au fond du théâtre apparaît de temps en temps la sentinelle qui se promène derrière la tente.

SCÈNE VII.

CATHERINE, *seule, réfléchissant appuyée sur son fusil.*

Il est évident qu'il se trame quelque chose! Ah! si j'étais ambitieuse... si j'étais homme! — Mais, pauvre femme, je n'aspire qu'à m'en aller... et mon frère George tarde bien à me remplacer! (*lui montrant son bonheur, moi qui ne songe qu'à lui... et à un autre encore* (*Soupirant.*) Ah!... (*Remettant son fusil à son épaule et se promenant.*) Factionnaire! à ton poste!

SCÈNE VIII.

TCHÉRÉMÉTEFF, PÉTERS, DANILOWITZ. *Deux aides de camp entrent dans la tente par la porte du fond, pendant que Catherine, qui est en dehors, entre dans la guérite, où elle se repose.*

TCHÉRÉMÉTEFF, *s'inclinant.*
Quoi! ces deux officiers supérieurs qu'on m'annonçait... Qui pouvait s'attendre à une si brusque arrivée... elle m'a tellement surpris...
PÉTERS.
C'est ce que je voulais... mais vous n'êtes pas le seul que je veuille surprendre. Pour vous, comme pour tout le monde, je suis le capitaine Péters Michaëloff qui vient vous annoncer que l'armée suédoise...
TCHÉRÉMÉTEFF.
Bat en retraite...
PÉTERS.
Doit demain au point du jour tomber sur votre corps d'armée qui, trop avancé, peut être enveloppé.
TCHÉRÉMÉTEFF.
Permettez-moi d'oser vous dire que de faux rapports vous abusent...
PÉTERS, *sévèrement.*
J'ai vu!... ainsi que Danilowitz, mon nouvel aide de camp... que voici...
DANILOWITZ, *saluant.*
Oui, général!
PÉTERS.
Et ce n'est pas le danger le plus grand.
TCHÉRÉMÉTEFF.
Comment cela?
PÉTERS.
Un esprit de sédition et de révolte règne, dit-on, dans le corps d'armée que vous commandez; vous en êtes-vous aperçu?
TCHÉRÉMÉTEFF.
Nullement! tous mes soldats n'ont que zèle et dévouement pour le czar.
PÉTERS, *le regardant.*
Ainsi, vous m'en répondez?...
TCHÉRÉMÉTEFF.
Sur ma tête!

PÉTERS, *le regardant toujours.*
J'accepte la caution... mais cela ne m'a pas empêché de prendre mes sûretés.
DANILOWITZ.
Si nous prenions d'abord place à table ; je connais M. le capitaine, il doit mourir de soif.
PÉTERS, *brusquement à Danilowitz.*
C'est vrai ! mais je ne permets à Pierre de boire et de perdre la tête que lorsque le czar n'a plus besoin de la sienne. (*A Tchérémétoff.*) J'avais fait dire à un régiment de grenadiers de Tobolsk de se diriger à marches forcées sur le camp : sont-ils arrivés ?
TCHÉRÉMÉTEFF.
Non, sire !... (*Se reprenant.*) Non, capitaine !
PÉTERS.
J'avais, d'un autre côté, envoyé l'ordre à une division de Tartares de se trouver ici dans la nuit... vous n'en avez pas de nouvelles ?
TCHÉRÉMÉTEFF.
Non, capitaine !
(*Péters garde le silence et réfléchit.*)
DANILOWITZ, *impatienté et se hasardant à prendre la parole.*
Capitaine ! tout va refroidir.
PIERRE, *brusquement.*
Silence ! ou je t'envoie en Sibérie.
DANILOWITZ.
Pardon ! mais le souper ?...
PIERRE, *brusquement.*
Le souper aussi !
DANILOWITZ, *à part.*
Ce ne sera pas le moyen de le réchauffer.
PIERRE, *s'adressant à ses deux aides de camp qui sont restés debout à l'entrée de la tente.*
Messieurs, nous ne souperons pas ensemble ce soir ! A cheval ! Que les deux divisions que j'attends soient ici au point du jour ! J'y compte ! vous m'entendez !
(*Les deux aides de camp s'inclinent et sortent.*)
PÉTERS, *gaiement à Danilowitz.*
Et maintenant, Danilowitz, bonsoir aux affaires.
DANILOWITZ, *gaiement.*
Et à table ! j'ai un appétit de Cosaque.
PÉTERS.
Et moi, une soif à boire la Néva.
DANILOWITZ.
Alors les bouchons vont sauter !
PIERRE, *à Tchérémétoff.*
Surtout pas d'officiers pour servir le capitaine Péters, ce serait lui donner trop d'importance... J'ai remarqué, en traversant le camp, de jolies filles, ma foi ! le baril sur l'épaule et la tournure guerrière... vous nous les enverrez...
DANILOWITZ.
Pour nous servir à boire !
PÉTERS.
Danilowitz a raison !
TCHÉRÉMÉTEFF, *se récriant.*
Des vivandières !
DANILOWITZ, *montrant Péters.*
Quand elles sont jolies, maître Péters ne les dédaigne pas.
PÉTERS, *bas à Danilowitz.*
Par souvenir et par reconnaissance... Je croirai voir Catherine !

(*Tchérémétoff s'incline et sort.*)

SCÈNE IX.

CATHERINE, *à gauche, près de la guérite, et recommençant à se promener en dehors de la tente ; à droite, sous la tente,* PÉTERS *et* DANILOWITZ.
PÉTERS.
Eh bien, mon lieutenant ?
DANILOWITZ.
Eh bien, mon capitaine ?
PÉTERS.
Que dis-tu de ton sort auprès de moi ?
DANILOWITZ.
Je commence à m'y faire ! mais d'abord la tête me tournait...
PÉTERS.
Et ce soir, mon cher favori, elle pourrait bien te tourner encore... car tu ne sais pas boire...
DANILOWITZ.
Ce n'est pas faute d'étudier, et près de Votre Majesté on s'instruit aisément.

TRIO.
PÉTERS.
Eh bien... à ce repas où la soif nous convie,
Le verre en main, je te défie !
DANILOWITZ.
Et j'accepte !
PÉTERS, *s'asseyant.*
Allons donc... commençons le combat !
DANILOWITZ.
Buvons en empereur ?
PÉTERS.
Mieux encor ! en soldat !
ENSEMBLE.
Joyeuse orgie !
Vive folie !
Par toi j'oublie
Soins et tourments !
(*Prenant une bouteille.*)
Viens, ô maîtresse
Enchanteresse !
Porter l'ivresse
Dans tous mes sens !
(*Ils boivent et mangent.*)
CATHERINE, *à gauche en dehors de la tente, écoutant.*
Que se passe-t-il donc, là-bas, sous cette tente ?
(*Regardant autour d'elle.*)
Je suis seule !... voyons... l'occasion me tente !
(*S'approchant de la tente dont elle cherche à entr'ouvrir les rideaux.*)
Je sais bien qu'un soldat en faction posté
D'être aussi curieux n'a pas la liberté !
C'est défendu, mais sur mon âme,
Quand ce soldat est une femme
Ce doit être permis !...
(*Regardant par une fente de la toile.*)
Je vois un officier !...
(*Apercevant Danilowitz qui lui fait face.*)
O ciel !... naguère pâtissier !
(*Regardant encore.*)
Et près de lui ! grand Dieu !...
(*S'appuyant sur son fusil.*)
Je me soutiens à peine !
Péters !... Péters !!... avec l'habit de capitaine !
Un chemin si rapide !... une épaulette d'or !...
(*Avec fierté.*)
J'y comptais !... et pourtant je n'ose y croire encor !
ENSEMBLE.
PÉTERS *et* DANILOWITZ, *sous la tente et à table.*
Joyeuse orgie !
Vive folie !
Par toi j'oublie
Tous les tourments !
(*Tenant la bouteille.*)
Viens, ô maîtresse
Enchanteresse !
Porter l'ivresse
Dans tous mes sens !
PÉTERS, *se versant à boire.*
Buvons encor ! buvons toujours !
CATHERINE, *regardant.*
Ah ! plus de doutes !
Il boit si bien que ce doit être lui !
(*A part.*)
Ah ! que c'est mal de boire ainsi !
PÉTERS, *à Danilowitz.*
Tu n'oses te verser et déjà tu redoutes
D'être battu !
DANILOWITZ.
Non pas !... le flacon est fini
PÉTERS, *s'animant.*
Un autre alors, un autre !...
DANILOWITZ.
Ah ! j'ai peur, capitaine !
Pour votre tête.
PÉTERS.
Et moi, je vais faire à la tienne
Voler le flacon que voici !
Si tu ne m'obéis !...
CATHERINE, *à part.*
Colère !... c'est bien lui !
Ah ! que c'est mal de boire ainsi !
PÉTERS, *à qui Danilowitz vient de verser un grand verre*
Vois en flots de rubis la liqueur purpurine
Rire dans le cristal !... Allons, buvons, ami,

A mes amours !... à Catherine !
CATHERINE, *à part et souriant.*
Ah ! c'est moins mal de boire ainsi !

ENSEMBLE.

CATHERINE, en dehors de la tente.	PÉTERS et DANILOWITZ, à table sous la tente.
Gaîment je pardonne,	Joyeuse orgie,
L'amour me l'ordonne :	Vive folie !
On peut, je suis bonne,	Par toi j'oublie
Boire aux amours !	Tous les tourments !
Pour sa maîtresse	Viens, ô maîtresse
Que son ivresse	Enchanteresse !
Dure sans cesse	Porter l'ivresse
Et charme toujours	Dans tous mes sens !
Ses jours.	

(*Le factionnaire qui était placé de l'autre côté de la tente, et qu'on ne voyait pas, paraît en ce moment et se promène au fond du théâtre.*)

CATHERINE, *l'apercevant et s'éloignant de la tente.*
Dieu ! l'autre sentinelle !... Heureusement, je l'espère, elle ne m'aura pas vue ! (*S'approchant de la guérite à gauche.*) Rentrons dans nos retranchements.
(*Elle rentre dans la guérite.*)

SCÈNE X.

CATHERINE, *dans la guérite à gauche;* PÉTERS *et* DANILOWITZ, *sous la tente à droite; puis* EKIMONNA *et* NATHALIE.

DANILOWITZ, *buvant.*
Je ne sais si j'y vois double... mais il me semble voir deux gentilles vivandières.

PÉTERS.
Gentilles... tu y vois juste encore !... Il y en a une qui ressemble comme deux gouttes d'eau à Catherine !

DANILOWITZ.
Et l'autre...

PÉTERS, *gris.*
L'autre... aussi ! c'est à s'y méprendre.

DANILOWITZ.
Il la voit partout !

PÉTERS, *aux vivandières.*
Vos noms, mes tourterelles !

EKIMONNA.
Ekimonna !

NATHALIE.
Et Nathalie ! pour vous servir !

PÉTERS.
Approchez !
En ce moment Catherine veut sortir de la guérite à gauche et se rapprocher de la tente, mais Gritzenko paraît au fond à la tête d'une patrouille qui s'avance et fait sa ronde sur la ritournelle du quintette suivant.

QUINTETTE.

PÉTERS.
Gentilles vivandières,
Soyez nos ménagères !
(*Les faisant asseoir, l'une près de lui sur un tambour, l'autre près de Danilowitz.*)
Ici nous vous plaçons !
Venez, et toutes deux soyez mes échansons !
(*Montrant Danilowitz.*)
Car lui ne sait pas boire !
(*A Ekimonna qui lui verse à boire.*)
Avec toi, ma charmante,
Plus ma verre se vide et plus ma soif augmente !
Le vin et la chanson ! voilà les gais repas !
Et les chants avec vous ne nous manqueront pas.

EKIMONNA.
Non vraiment !

NATHALIE.
Que veux-tu ?

EKIMONNA
Romance ?

NATHALIE.
Ou bien ballade !

PÉTERS, *riant.*
Des romances... à moi ! Non, morbleu ! c'est trop fade, je veux du fort !

EKIMONNA, *riant.*
Du kirsch !

PÉTERS.
C'est dit !

NATHALIE.
Nous en avons !

PÉTERS.
Et nous, mon lieutenant, écoutons !

DANILOWITZ.
Écoutons !

EKIMONNA.
PREMIER COUPLET.
Sous les remparts du vieux Kremlin,
Deux beaux Cosaques, sabre en main,
Se battaient pour une bouteille,
Se battaient pour une beauté !
L'une était fragile et vermeille,
L'autre de même qualité !
Mais qui des deux l'emportera ?
Ah ! ah ! ah ! ah ! ah ! ah !
(*Imitant un soldat qui fait des armes.*)
C'est le fer qui décidera !
Ah ! ah ! ah ! ah ! ah ! ah !
Ah !

NATHALIE.
DEUXIÈME COUPLET.
Lorsque survient un vieux sergent,
Qui propose un arrangement.
Jouez aux dés cette bouteille !
Jouez aux dés cette beauté !
(*Imitant des joueurs qui roulent des dés.*)
C'est la prudence qui conseille,
Et son avis fut écouté !
Oui, jouons ces deux trésors-là ?
C'est le dé qui décidera !
(*Imitant de nouveau des joueurs qui roulent des dés.*)
Ah ! ah ! ah ! ah ! ah ! ah !
Ah !

EKIMONNA *et* NATHALIE.
TROISIÈME COUPLET.
EKIMONNA.
Plus de bataille ! tous les deux...
NATHALIE.
Furent vainqueurs, furent heureux !
EKIMONNA.
L'un, ayant gagné la bouteille,
Ne proposa pas de trinquer !
NATHALIE.
Et l'autre vainqueur, ô merveille !
Sans façon... offrit... de troquer !
PÉTERS *et* DANILOWITZ, *se mettant à rire.*
Ah ! ah ! ah ! ah ! ah !

ENSEMBLE.

EKIMONNA *et* NATHALIE.	PÉTERS *et* DANILOWITZ.
D'un grenadier de Pultawa	La belle histoire que voilà !
Nous tenons cette histoire-là.	Ah ! ah ! ah ! ah ! ah !
(*Riant.*)	(*Riant.*)
Ah ! ah ! ah ! ah ! ah !	Ah longtemps il m'en souviendra.
	Ah ! ah ! ah ! ah ! ah ! ah !

Le second factionnaire, qui s'était promené dans le fond à gauche, s'éloigne en ce moment et disparaît derrière la tente.

CATHERINE, *debout dans sa guérite, suivant des yeux le factionnaire qui s'éloigne.*
Il s'éloigne enfin ! tant mieux !
(*Quittant sa guérite et se rapprochant de la tente.*)
On croirait qu'ils vont se battre
Tant ils font de bruit... à deux.
(*Regardant par la fente de la tente, et apercevant Ekimonna et Nathalie que Péters embrasse, elle pousse un cri d'indignation.*)
Ah ! grands dieux !

QUINTETTE.

ENSEMBLE.

CATHERINE.
C'en est fait ! cet outrage
A jamais me dégage !
N'écoutons que la rage
Qui déchire mon cœur,
Dans ma haine profonde,
Qu'ici je le confonde,
Et que le ciel seconde
Ma jalouse fureur !

PÉTERS *et* DANILOWITZ.
O charmant badinage !
Amour libre et volage,
Qui pour un jour engage
La tête et non le cœur !
Beautés, reines du monde,
Que votre amour réponde
A l'ivresse profonde
Dont je ressens l'ardeur !

EKIMONNA et NATHALIE.
Cessez ce badinage,
Non, vous serez volage !
Et jamais je n'engage
Ma raison ni mon cœur,
Je ne crains rien au monde,
Et, loin qu'on vous réponde,
Ma sagesse profonde
Défendra mon honneur !

(*Catherine marche avec agitation de la tente à la guérite ; puis au bout de quelques instants, comme ramenée malgré elle vers un spectacle dont elle ne peut détacher ses yeux, elle retourne vers la tente et regarde encore.*)

SCÈNE XI.

(*Le jour vient de se lever.*)

LES PRÉCÉDENTS ; GRITZENKO *paraissant au fond, à la tête d'une patrouille, tandis qu'un officier entre sous la tente par la droite.*

L'OFFICIER, *présentant une lettre.*
Au commandant Péters, le général...
PÉTERS, *tout à fait gris.*
Au diable !
Que me veut-il ?
(*A Danilowitz.*)
Tiens, lis !
DANILOWITZ, *après avoir lu.*
Ah ! c'est inconcevable !
(*A Péters.*)
Venez !
PÉTERS, *chancelant.*
Non pas ! je reste !
DANILOWITZ, *regardant Péters avec frayeur.*
O ciel !
PÉTERS.
Vas-y, vas-y !
Pour moi, je suis trop bien ici!
(*Danilowitz sort vivement par la droite avec le soldat, laissant Péters seul avec les deux vivandières. Pendant ce temps, Gritzenko et sa patrouille, après avoir relevé le factionnaire qui est derrière la tente, et qu'on ne voit pas, revient gauche vers Catherine.*)
GRITZENKO.
Le caporal, à son devoir fidèle,
Vient relever la sentinelle !
(*Apercevant Catherine qui vient de retourner vers la qui regarde.*)
CATHERINE, *avec colère et jalousie.*
Seul à présent !
GRITZENKO.
Que vois-je ! un soldat indiscret
D'épier ses chefs se permet !
(*Frappant sur l'épaule de Catherine.*)
Jeune soldat !
CATHERINE, *avec impatience et sans se retourner.*
C'est bien !
GRITZENKO.
Voici votre heure !
On vient vous relever.
CATHERINE, *regardant toujours.*
Je ne veux pas partir !
GRITZENKO.
Quittons ces lieux !
CATHERINE, *avec jalousie.*
Non pas ! non, non, non, j'y demeure.
Je reste là ! quand j'y devrais mourir !
GRITZENKO.
Mais la consigne !
CATHERINE.
Elle me choque !
GRITZENKO.
La discipline !
CATHERINE.
Je m'en moque !
GRITZENKO.
Le châtiment...
CATHERINE.
Ça m'est égal !
Et je me ris de lui...
(*A Gritzenko qui veut l'emmener de force.*)
Comme du caporal !
(*Elle lui donne un soufflet.*)

GRITZENKO, *poussant un cri et portant sa main à sa joue.*
Sakinka !
GRITZENKO.
Je suffoque de rage !
Un soufflet au visage,
Caporal, quel outrage !
Pour moi, quel déshonneur !
Accourez tout le monde,
A moi ! qu'on me seconde
Et qu'ici tout réponde
A ma juste fureur !
CATHERINE, *regardant du côté de la tente.*
C'en est fait ! son outrage
A jamais me dégage !
ENSEMBLE.
N'écoutons que la rage
Qui fait battre mon cœur,
Dans ma haine profonde,
Qu'ici je le confonde,
Et que le ciel seconde
Ma jalouse fureur !
PÉTERS, *sous la tente, entre les deux femmes*
O charmant badinage !
Amour libre et volage,
Qui pour un jour engage
La tête et non le cœur !
Beautés, reines du monde,
Que votre amour réponde
A l'ivresse profonde
Dont je ressens l'ardeur !
EKIMONNA et NATHALIE.
Cessez ce badinage,
Non, vous serez volage !
Et jamais je n'engage
Ma raison ni mon cœur,
Nous connaissons le monde,
Et, loin qu'on vous réponde,
Ma sagesse profonde
Défendra mon honneur !

(*A la voix de Gritzenko, plusieurs soldats viennent d'accourir. Le morceau finit à cet endroit avec grand bruit ; mais la ritournelle continue encore à l'orchestre seulement, et en sourdine.*)
EKIMONNA, *courant ouvrir les rideaux de la tente à gauche.*
Eh ! mais, quel est ce bruit ?
(*Les rideaux de la tente qui sont ouverts laissent voir Péters assis près de la table, tenant à la main son verre que Nathalie vient de remplir.*)
GRITZENKO, *apercevant Péters en uniforme.*
Un capitaine !... c'est ce qu'il me faut... Justice, mon capitaine...
(*Il entre par les rideaux à gauche, qu'Ekimonna vient d'ouvrir, et s'avance sous la tente près de Péters. Derrière lui, entre également Catherine que des soldats amènent.*)
PÉTERS, *complètement gris.*
Encore un importun ! que viens-tu m'annoncer ? Parle, mais ne m'impatiente pas !
GRITZENKO.
Un soufflet que moi, caporal, j'ai reçu d'une recrue, d'un simple soldat.
PÉTERS, *tenant son verre.*
Eh bien ! qu'on le fusille !... et sur-le-champ !
GRITZENKO, *aux soldats qui entourent Catherine.*
En avant ! marche !
CATHERINE, *s'élançant près de Péters.*
O ma mère ! fais que ma voix arrive à son cœur !
Péters !... Péters !... regarde bien !... reconnais mes traits... c'est moi.
PÉTERS, *ivre et regardant Catherine sans la reconnaître.*
Toi ! eh bien, qu'on le fusille !
CATHERINE, *avec indignation.*
Ah ! dans son ivresse il ne me voit pas... il ne m'entend pas...
Soit, la mort ! mais n'oublie pas qu'elle me vient de toi, Péters !
A ce dernier mot, qu'elle prononce avec force, Péters, comme accablé jusque-là par les fumées de l'ivresse, lève la tête qu'il tenait baissée, aperçoit Catherine, laisse tomber le verre qu'il tenait à la main, repousse EKIMONNA et NATHALIE, qui accouraient auprès de lui, et se lève en poussant un grand cri.
Pendant ce temps, les soldats de GRITZENKO ont emmené CATHERINE, qui sort en jetant sur PÉTERS un dernier regard d'indignation et de mépris.
PÉTERS *s'est levé. Il porte la main à son front et cherche à rappeler ses idées. La commotion violente qu'il vient d'é-*

prouver n'a pas encore totalement chassé l'ivresse ; il y a encore un instant de lutte entre elle et sa raison, lutte que l'orchestre doit peindre. Enfin il revient à lui... fait un pas en avant et s'écrie avec force.

PÉTERS.
Arrêtez !
(Ici finit la ritournelle sur un grand trait d'orchestre.)
GRITZENKO, qui s'est tenu à la porte de la tente à gauche, accourt à la voix de Péters.
Que voulez-vous dire, capitaine ?...

PÉTERS, toujours avec égarement.
Cette ressemblance... cette voix !... ce dernier mot surtout... (A Gritzenko.) Je veux voir ce soldat... et l'interroger... Cours !.. ramène-le moi... ou le knout...

GRITZENKO, poussant un cri.
Sakinka !...
(Il sort en courant par la gauche de la tente, au moment où Danilowitz entre par le fond.)

SCÈNE XII.
PIERRE, DANILOWITZ.
DANILOWITZ.
Sire !...
PÉTERS, allant à lui.
Ah ! c'est toi !... l'as-tu vue ? Quelles nouvelles ?
DANILOWITZ.
La nouvelle, c'est que le général, qui répondait de l'armée, ne répond plus de rien. Il est sûr maintenant qu'une conspiration doit éclater au moment de la bataille.
PÉTERS, étonné, portant la main à son front.
Une conspiration... une bataille !...
DANILOWITZ.
Du reste, il ne sait rien. Il ignore le but du complot... et le nom des chefs...
PÉTERS, avec impatience
Eh ! qui te parle de cela... Je te parle de Catherine !
DANILOWITZ.
Catherine !...
PÉTERS.
Son image... son fantôme s'est offert à moi... pour me rappeler à la raison.
DANILOWITZ, haussant les épaules.
S'occuper d'une femme !... quand il s'agit de notre salut à tous !

SCÈNE XIII.
PÉTERS, DANILOWITZ, GRITZENKO.
GRITZENKO, courant à Péters.
Capitaine !...
PÉTERS.
Eh bien ! ce jeune soldat ?...
GRITZENKO, avec embarras.
Je suis arrivé au bon moment... au moment où l'on chargeait les fusils. Le jeune soldat écrivait tranquillement, car il entend l'écriture plus que la discipline.
PÉTERS, avec colère.
Après !
GRITZENKO.
Oui, capitaine... J'ai dit : Arrêtez !... et je l'ai amené... je l'amenais... Il est là... ou plutôt il n'est pas là pour le dire... attendu que, longeant la rivière qui borde le camp... il m'a glissé un chiffon de papier dans la main... (montrant une lettre) et pendant que je regardais... il s'est élancé...
PÉTERS.
Malheureux !...
GRITZENKO.
Nageant comme un poisson...
PÉTERS.
Et tu l'as laissé échapper ?
GRITZENKO, se récriant.
Permettez !...
PÉTERS, lui arrachant la lettre des mains.
Et ce papier, donne !... donne !... et va-t'en !
GRITZENKO, shako.
Oui, général !... (A part.) C'est égal... je ne crois pas que le lit soldat en réchappe... le coup était bon.
(Il fait le signe de tirer un coup de fusil.
PÉTERS, qui pendant ce temps a déchiré l'enveloppe de la lettre.
Un anneau !... celui de Catherine !... le mien !... Plus de doute !... c'était elle !...
(Des deux papiers renfermés dans l'enveloppe, il en donne un à Danilowitz et lit l'autre.)
« Vous m'avez trahie !... tout est fini. Je ne vous verrai plus.
» Mais pour vengeance et pour dernier adieu, je vous laisse
» une fortune. Vous n'êtes que capitaine, portez au czar le pa-
» pier ci-joint, et il n'aura rien à vous refuser !...
» Signé CATHERINE. »
DANILOWITZ.
Et ce papier ?... (Y jetant les yeux.) Les détails sur la conspiration... et le nom des principaux chefs... (A Pierre qui reste absorbé dans sa douleur.) M'entendez-vous, sire, m'entendez-vous?
PIERRE, à part, avec douleur et sans l'écouter.
Catherine n'est plus ! Catherine, mon bon ange et mon étoile !

SCÈNE XIV.
YERMOLOFF et plusieurs OFFICIERS entrent et font signe à d'autres conjurés de les suivre.
DANILOWITZ, les regardant pendant qu'ils causent entre eux.
O ciel ! (A part.) Le colonel Yermoloff... et ses officiers... tous les chefs de la conspiration !... (S'approchant du czar qui est toujours resté immobile assis à droite, et à demi-voix.) Sire, nous sommes environnés de nos ennemis !
PÉTERS, levant la tête.
As-tu peur ?...
DANILOWITZ.
Pour Votre Majesté !
YERMOLOFF, s'avançant.
Deux officiers qui ne sont pas de cette division !... (S'avançant vers eux.) Êtes-vous pour ou contre nous ?
DANILOWITZ.
Pour vous, colonel !
YERMOLOFF.
Que venez-vous donc nous annoncer ?
PIERRE, se levant brusquement.
Que le czar est arrivé
PIERRE, vivement.
Non car il attend pour vous châtier...
DANILOWITZ, l'interrompant.
Deux régiments fidèles...
YERMOLOFF.
Ils sont loin encore !... les Suédois sont près... et tout le camp va se soulever au signal convenu.
DANILOWITZ.
Lequel ?
YERMOLOFF.
La marche même du czar !
PIERRE.
La Marche sacrée !
YERMOLOFF.
C'est à ce bruit que les Suédois doivent s'emparer du camp qui leur est livré, et se joindre à nous !
PIERRE.
Les Suédois ! ô trahison !
(Dans ce moment des soldats entrent et enlèvent la tente.)

SCÈNE XV.
LES PRÉCÉDENTS ; OFFICIERS du camp de différentes armes; SOLDATS, VIVANDIÈRES, ETC., se précipitant sur le théâtre.
FINALE.
YERMOLOFF et le CHOEUR.
Que veulent ces soldats ? Que nous annoncent-ils ?
Parlez : d'où vient ce trouble ? quels périls
Nous menacent ?...
ISMAÏLOFF.
Terreur extrême
Le bruit partout se répand
Que Pierre, que le czar lui-même,
Vient d'arriver au camp !
CHOEUR.
Immolons le tyran qui se livre à nos mains !
PIERRE, à Danilowitz.
M'immoler ! Non, le ciel déjoûra leurs desseins !
YERMOLOFF, à Pierre et à Danilowitz.
Vous nous avez dit vrai ! venez et suivez-nous.
Assez longtemps, amis, dans l'ombre et le silence
Nous avons attendu l'heure de la vengeance !
Musique en tête, en avant suivez-nous !

Et bientôt aux accents de la marche sacrée
Dans tout le camp sa mort sera jurée !
N'est-ce pas, compagnons, ici nous jurons tous
Que le tyran tombera sous nos coups !

ENSEMBLE.

PIERRE, à part.
Dieu protecteur,
Sois mon vengeur
Veille sur la patrie !

CHOEUR.
Dieu protecteur de la Russie
Pour sauver la patrie,
Arme mon bras vengeur !

PIERRE.
Pour déjouer leurs complots ennemis
S'il le faut, prends mes jours, mais sauve mon pays !

CHOEUR.
Que par ta main nos desseins soient bénis !
Que la mort du tyran sauve notre pays !
(On entend dans la coulisse à gauche la musique du régiment Yermoloff jouant la Marche sacrée. Les soldats s'apprêtent à sortir. Pierre, que Danilowitz retient en vain, s'élance au-devant d'eux.)

PIERRE.
Soldats, qu'on trompe et qu'on égare,
Où courez-vous ! et de vos compagnons
Quel délire s'empare !

CHOEUR, repoussant Pierre.
Va-t'en, ou suis nos pas ! car nous marchons
Contre un tyran, contre un barbare !

PIERRE.
Contre le czar, votre empereur !

CHOEUR.
Il ne l'est plus !... à lui malheur !

PIERRE.
Malheur plutôt à vous !... vous qui, pour vous venger,
Au milieu de vos rangs appelez l'étranger !
Quoi ! pour punir le czar, vous couvrir d'infamie,
Trahir tous vos serments et vendre la patrie !
Non, non ! au seul aspect des drapeaux ennemis,
Oubliez votre haine et songez au pays !...
Oui, dussions-nous courir à notre perte !
Honneur à qui succombe, et honte à qui déserte !
Venez, suivez-moi tous sous ce noble étendard !
Et vainqueurs, je promets de vous livrer le czar :
Seul, sans défense,
Je le livre à vos coups.

CHOEUR.
Seul ! sans défense,
Tu le livres à nous...

YERMOLOFF.
Quelle est donc ta puissance !

TOUS.
Qui donc es-tu ?

PIERRE. *Il découvre sa poitrine.*
Le czar !... Frappez !

YERMOLOFF.
Ah ! plus d'espoir !

PIERRE.
Oui, le czar qui sait tout et ne veut rien savoir !...
Quand l'ennemi s'avance et quand le canon tonne,
Allez combattre et vaincre, et le czar vous pardonne !

CHOEUR.
Nous tombons à tes pieds et nous sommes à toi.

PIERRE.
Ah ! mes enfants !...

CHOEUR.
A toi nos bras et notre foi !
Dieu, protecteur
De la Russie,
Sauve la patrie,
Et sauve l'empereur.
Il nous promet le pardon et l'oubli !
Nous jurons de combattre et de mourir pour lui.
(On entend le bruit d'une marche guerrière.)

TOUS, *s'arrêtant effrayés.*
Honte à nous !... par les ennemis,
Par les Suédois... notre camp est surpris !

DANILOWITZ, *regardant vers le fond du théâtre.*
Non, non ! rassurez-vous, amis...
Ce sont nos régiments, exacts au rendez-vous,
Qui viennent pour combattre et pour vaincre avec vous !
(On voit descendre de la montagne à gauche la musique d'un régiment tartare, tandis que descend par la droite le régiment des grenadiers de Smolensk, ayant également sa musique en tête. Chaque régiment joue en entrant en scène une marche différente ; puis les deux marches se jouent ensemble et s'exécutent en même temps que la Marche sacrée, pendant le chœur suivant.)

CHOEUR des femmes.
Pour la patrie et l'empereur,
Marchez, soldats fidèles !
Les braves seuls ont droit de toucher notre cœur.
L'amour couronne la valeur,
Et les beautés rebelles
N'ont rien à refuser à qui revient vainqueur !

CHOEUR des hommes.
Allez, amis ! et sans frayeur,
Marchez sous la mitraille.
Qui meurt pour la patrie et pour notre empereur
Jouit d'un éternel bonheur !
Car, du champ de bataille,
Son âme monte aux cieux, qui s'ouvrent au vainqueur !
(Le chant est interrompu par un coup de canon qui annonce le commencement de la bataille.)

PIERRE.
Écoutez !... écoutez !... le signal des combats,
Allez, marchez, braves soldats !
(Les trois marches reprennent toutes les trois ensemble.)

CHOEUR.
Pour la patrie et pour le ciel,
Marchons à la victoire !
Qui combat pour son roi combat pour l'Éternel.
Que le cœur du soldat réponde à son appel,
C'est celui de la gloire !
Qui meurt en combattant revivra dans le ciel !

ACTE TROISIÈME.

Un riche appartement dans le palais du czar. Une grande fenêtre avec des châssis dorés, et dont les contrevents s'ouvrent en dehors, occupe tout le fond du théâtre. A gauche, une porte donnant sur les jardins. A droite, une porte conduisant aux appartements du palais. Sur un fauteuil à gauche, une hache et un habit d'ouvrier. Également à gauche, une table recouverte d'un tapis de velours et ce qu'il faut pour écrire.

SCÈNE I.

PIERRE *assis près de la table.*

PIERRE.

RÉCITATIF.
Pour fuir son souvenir, qui semble me poursuivre,
A de rudes travaux vainement je me livre.
Inutile travail !... qui n'apporte avec lui
Que la fatigue et non l'oubli !

ROMANCE.

PREMIER COUPLET.
O jours heureux de joie et de misère !
Elle m'aimait !... c'était là le vrai bien.
En la voyant, j'étais roi sur la terre ;
En la perdant, roi, je ne suis plus rien !
Reviens !... et j'abandonne
Le sceptre et la grandeur !
Destin, prends ma couronne
Et rends-moi le bonheur !

DEUXIÈME COUPLET.
Oui, vers le port tu conduisais ma voile
Tu me guidais vers de nobles travaux.
En toi, le Nord aurait vu son étoile
Car ton regard enfantait des héros !
Toi dont la main nous donne

Le sceptre et la grandeur,
Destin, prends ma couronne
Et rends-moi le bonheur !

SCÈNE II.
PIERRE, DANILOWITZ.

PIERRE, *à droite.*

Qui entre ! ce ne pouvait être que Danilowitz. (*A Danilowitz.*) Approche et compte comme une nouvelle preuve de ma faveur a permission de pénétrer dans ce lieu ! tu es le premier.

DANILOWITZ.

C'est vrai, sire ! et je me croirais ici dans le cabinet du czar, montrant le fauteuil à gauche) si cet habit et cette hache ne me rappelaient Péters le charpentier !

PIERRE.

Tu crois... Eh bien ! (*lui montrant la porte à gauche*) là... dans ce coin retiré du palais, qui donne sur mes jardins... regarde !... toi seul, ici, peux juger de la ressemblance.

DANILOWITZ, *ouvrant la porte à gauche et regardant.*

O ciel !... l'atelier de Péters, tel qu'il était à Wiborg, non loin de la maison de Catherine !

PIERRE.

Souvenir dont j'ai voulu m'entourer !

DANILOWITZ.

Et de l'autre côté (*souriant*) ma boutique, à moi !... Danilowitz... le pâtissier !

PIERRE.

Aujourd'hui colonel !... et favori de l'empereur !

DANILOWITZ.

Faveur qu'il doit moins à son mérite... qu'à la gentille Catherine... la cantinière !

PIERRE.

Que dis-tu ?

DANILOWITZ.

Il n'y a que moi, sire, avec qui vous puissiez parler d'elle !

PIERRE, *naïvement.*

C'est vrai ! (*Avec vivacité.*) Mais conviens toi-même qu'il y a de quoi se désespérer ! tant de recherches inutiles, tant de soins ne nous prouvent-ils pas, que Catherine n'est plus !... qu'elle est morte !... (*avec douleur*) morte !

DANILOWITZ, *lentement.*

Non, sire !... elle n'est pas morte !

PIERRE.

Qui te l'a dit ?

DANILOWITZ, *de même.*

Je le sais ! j'en suis sûr !

PIERRE, *lui sautant au cou.*

Ah ! mon ami !... mon cher Danilowitz !... tu es général... tu seras prince !... tu seras mon ministre... car cela seul me prouve...

DANILOWITZ.

Que j'ai tous les talents !

PIERRE, *gaiement.*

Oui... oui... (*Le prenant par-dessous le bras.*) Tu as nouvelles ?

DANILOWITZ.

Bonnes !... Je n'ai pas dit cela, Sire !

PIERRE.

Tu m'as dit qu'elle existait ?

DANILOWITZ.

Oui, mais... perdue peut-être... pour Votre Majesté !

PIERRE.

Perdue pour moi ! (*Avec colère.*) Elle m'a oublié ! elle est à un autre... Ah ! je châtierai tous ceux qui m'outragent... Malheur à elle et à ce rival ! malheur à toi !

DANILOWITZ, *souriant tristement.*

Oui ! la Sibérie !... pour Menzikoff, votre favori... dont la faveur n'aura pas duré longtemps.

PIERRE.

Pardon ! la douleur m'égarait...

DANILOWITZ, *secouant la tête.*

Ah ! Catherine avait raison ! Pierre peut commander à tous, disait-elle !...

PIERRE, *avec dépit.*

Excepté à lui-même !... Je prouverai le contraire ! (*Regardant les papiers que Danilowitz tient à la main.*) Quels sont ces papiers que tu m'apportais !...

DANILOWITZ.

Des ukases à lire, ou à signer !

PIERRE, *cherchant à se modérer.*

Bien !... l'État d'abord... et mes amours ou ma jalousie... après ! (*Pierre s'assied devant sa table.*)

DANILOWITZ.

Un ukase sur l'armée !

PIERRE, *le parcourant.*

C'est bien.

(*Il signe et remet le papier à Danilowitz.*)

DANILOWITZ.

Un autre sur la barbe.

PIERRE, *lisant.*

Exécutoire pour tout l'empire !

DANILOWITZ.

Cela excite, dit-on, beaucoup de murmures... même des révoltes !

PIERRE, *signant.*

N'importe ! je forcerai mes sujets à être beaux et à plaire malgré eux !

DANILOWITZ.

Un ukase préparé par vos ordres sur la grammaire et l'alphabet russe... (*Avec étonnement.*) Votre Majesté s'en occupe aussi ?

PIERRE.

Un souverain doit s'occuper de tout ! Il y avait quarante-trois lettres, par un décret impérial j'en supprime neuf ! restent trente-quatre... c'est assez !

DANILOWITZ.

Ce n'est pas trop ! surtout pour jurer et se mettre en colère... Votre Majesté le regrettera !

PIERRE, *avec impatience.*

Il suffit ! (*Lisant un autre papier.*) Le lieutenant Zouboff... condamné à mort... (*S'arrêtant.*) Un si brave officier !... pour avoir frappé son colonel... (*Signant vivement.*) C'est juste !... (*Achevant de lire.*)... étant dans un état d'ivresse !... (*Avec embarras.*) Ah !... il était ivre...

DANILOWITZ, *montrant le papier.*

L'empereur a signé...

PIERRE.

C'est vrai ! (*Le lui donnant.*) Qu'on publie cet arrêt !... et ce soir...

DANILOWITZ.

Exécuté !...

PIERRE.

Ce soir... tu demanderas sa grâce à Pierre, qui te la lui accordera... (*Après un silence.*) J'ai eu le temps de me calmer !... tu le vois, tu peux tout me dire maintenant. Revenons à Catherine ?... Elle en aime un autre...

DANILOWITZ.

Non pas, Sire...

PIERRE.

Tu m'as dit cependant...

DANILOWITZ.

Que je ne savais rien encore de positif, mais que j'étais sur la trace !...

PIERRE, *voyant la porte qui s'ouvre, et se retournant vivement.*

Qui va là !... Qui ose, sans mon ordre, pénétrer en ces lieux ?

DANILOWITZ.

Un grenadier de votre garde. J'en avais fait placer plusieurs en faction dans vos appartements et à l'entrée de ce pavillon !

PIERRE.

C'est inutile. Qu'on les retire !

DANILOWITZ, *s'inclinant.*

J'y veillerai, sire.

SCÈNE III.

PIERRE, DANILOWITZ ; GRITZENKO, *qui pendant ce temps s'est avancé immobile et tout d'une pièce, s'arrête devant le czar sans le regarder et en portant la main à son shako.*

GRITZENKO, *tremblant.*

C'est l'empereur !

PIERRE, *à Gritzenko.*

Que me veux-tu ?

GRITZENKO, *avec émotion.*

Oui, sire !...

PIERRE.

Qui t'amène ?

GRITZENKO.

Oui, Majesté !

PIERRE.

Je te demande ce que tu as à me dire, me comprends-tu ?

GRITZENKO.

Non, Majesté ! j'ai trop peur !

PIERRE.

Je te défends d'avoir peur ! parle.

GRITZENKO.
Oui, Majesté ! (*Vivement, et comme un homme qui prend un parti courageux.*) Une bande d'ouvriers charpentiers venant des environs de Wiborg, en Finlande, est aux portes du palais, se disant appelés à la nouvelle ville de Saint-Pétersbourg par le czar Pierre, mon empereur !... (*Après avoir respiré.*) Voilà, Majesté.

PIERRE, *à Danilowitz.*
C'est vrai ! mes anciens compagnons d'ateliers ; je les ai fait venir... (*A Gritzenko.*) Qu'on laisse entrer tous ceux qui viendront de Finlande !

GRITZENKO.
Oui, Majesté !

PIERRE, *à Danilowitz.*
Je te dirai plus tard pourquoi et ce qu'ils auront à faire... (*Regardant Gritzenko qui est toujours immobile, la main portée au shako.*) Eh bien !... que me veux-tu encore ? parle !

TRIO (1).
GRITZENKO.
Mon devoir est d'apprendre à Votre Majesté
Que je suis caporal, bien connu, bien noté,
Et ce que je voudrais... c'est de l'avancement !

PIERRE, *souriant.*
Vraiment !... quels sont tes droits ?

DANILOWITZ, *bas à Gritzenko.*
Parle ! c'est le moment,
Il est de bonne humeur !

GRITZENKO, *toujours la main à son shako.*
L'empereur, mon doux maître,
Lors du dernier combat, se rappelle peut-être
Gritzenko, qui reçut en dévoué sujet...

PIERRE.
Une blessure...

GRITZENKO.
Non ! un soufflet !

PIERRE et DANILOWITZ, *étonnés.*
Un soufflet !!!

GRITZENKO.
Donné par un soldat, une jeune recrue
Que j'avais établie, en faction, debout
Auprès de votre tente !...

PIERRE, *le regardant.*
Eh ! oui... rien qu'à sa vue
Je m'en souviens !...
(*A Danilowitz, lui montrant Gritzenko.*)
C'est lui qui fut cause de tout !

GRITZENKO.
Comme il me regarde !
Je crois maintenant
Qu'il va, dans sa garde,
Me nommer sergent !
Pour moi quel honneur !
Surtout quel bonheur
Que mon empereur
Soit de bonne humeur !

PIERRE.
Plus je le regarde,
C'est bien lui vraiment,
Lui qui se hasarde,
Comme un suppliant,
Lui ! solliciteur,
Vouloir ma faveur,
Lorsque la fureur
S'élève en mon cœur !

DANILOWITZ.
Plus je le regarde,
C'est bien lui vraiment,
Lui qui se hasarde,
Hélas ! l'imprudent,
Croit à la faveur
De son empereur,
Lorsque la fureur
Fait battre son cœur !

GRITZENKO, *passant près du czar et s'adressant à lui.*
C'est à votre service et sur ma joue... émue
Que George Skavronski, cette jeune recrue,
M'a frappé d'un soufflet ! moi, son supérieur.

DANILOWITZ, *bas à Gritzenko, qui est placé entre lui et le czar.*
Tais-toi ! ou souviens va le mettre en fureur !

GRITZENKO.
En fureur ! je comprends. La stricte discipline
Voulait qu'on fusillât, et le czar s'imagine
Que ce jeune soldat s'est échappé.

PIERRE, *vivement.*
Morbleu !

C'est là le mal !

GRITZENKO.
Non pas, j'aime à le croire !

PIERRE et DANILOWITZ, *vivement.*
Ce qu'il est devenu, tu le sais donc ?

GRITZENKO.
Un peu !
Mais je n'ai pu naguère achever mon histoire.

PIERRE et DANILOWITZ, *le pressant tous les deux et avec joie.*
Parle, nous t'écoutons !

GRITZENKO.
Voyant mon prisonnier s'enfuir à la sourdine
Et braver à la nage ainsi la discipline,
J'ai saisi mon mousquet !... et le coup est parti !

PIERRE, *pousse un cri et tombe en chancelant sur une chaise.*
O ciel !

DANILOWITZ, *avec effroi.*
Atteint ?...

GRITZENKO, *avec satisfaction.*
Je crois que oui.

PIERRE, *avec désespoir, et cachant sa tête dans ses mains.*
Tué !!!

GRITZENKO, *avec tristesse.*
Je crois que non !

DANILOWITZ, *bas à Gritzenko, lui montrant le czar.*
Redoute sa colère.
Va-t'en !

GRITZENKO, *naïvement.*
Je comprends bien !... l'empereur est choqué
De ce que, hélas ! je l'ai manqué !

PIERRE, *se levant hors de lui.*
Crains mon courroux !... fuis de ces lieux !

GRITZENKO, *allant au czar.*
J'ai pourtant visé de mon mieux !

DANILOWITZ, *bas à Gritzenko, qu'il prend par le bras.*
Va-t'en ! va-t'en ! le czar est furieux !

GRITZENKO, *avec bonhomie.*
J'ai pourtant visé de mon mieux !
En me disant :
Vive la discipline,
Devant qui je m'incline !
Sa justice divine
Est celle du canon,
Qui, terrible à la ronde,
Au loin menace et gronde,
Et frappé tout le monde
Sans donner de raison.

ENSEMBLE.

PIERRE, *s'exaltant peu à peu.*
La fureur me domine.
Quoi ! sa main assassine
A frappé Catherine !
O lâche trahison !
(*Avec désespoir.*)
Ah ! je perds tout au monde !
Et la douleur profonde
(*Montrant son cœur.*)
Qui là.... s'agite et gronde
Egare ma raison !

DANILOWITZ.
La fureur le domine.
Une main assassine
A frappé Catherine !
Pour lui, point de pardon !
(*Montrant le czar.*)
Il n'aimait qu'elle au monde !
Et sa fureur qui gronde,
Redoutable et profonde,
Egare sa raison !

(*Exalté, hors de lui, Pierre, dont la colère s'est, pendant l'ensemble précédent, élevée au dernier degré, court saisir sa hache de charpentier, et veut en frapper Gritzenko.*)

DANILOWITZ *se précipite entre eux, et arrachant au czar sa hache qu'il jette au loin.*
Quel aveugle courroux ! Sire, daignez m'entendre ?
(*Il lui parle à voix basse et avec chaleur.*)

GRITZENKO, *à part.*
Il dit pourtant bien !
Est dans son jour de bonne humeur ;
J'ai bien fait de ne pas le prendre
Dans un jour de mauvaise !

PIERRE, *allant à lui.*
Ecoute !

GRITZENKO, *immobile et portant la main à son shako.*
Oui, Majesté !

PIERRE.
Si ce jeune soldat par ton arme ajusté
N'existe plus !...

GRITZENKO, *de même.*
Oui, Majesté !

PIERRE.
S'il n'est pas retrouvé demain..

GRITZENKO, *de même.*
Oui, Majesté !
PIERRE.
Je te fais fusiller, toi-même !...
GRITZENKO, *de même.*
Oui, Majesté !
PIERRE.
Fusillé !... tu comprends, j'espère ?...
GRITZENKO, *de même.*
Oui, Majesté !
PIERRE.
Et qu'en dis-tu ?
GRITZENKO, *de même.*
Je dis, Sire, que c'est vexant,
Que c'est même contrariant !
Mais c'est égal !...
Vive la discipline,
Devant qui je m'incline !
Sa justice divine
Est celle du canon,
Qui, terrible à la ronde,
Au loin menace et gronde,
Et frappe tout le monde
Sans donner de raison.
ENSEMBLE.

PIERRE.	DANILOWITZ.
La fureur me domine !	La fureur le domine !
Quoi ! sa main assassine	Une main assassine
A frappé Catherine !	A frappé Catherine !
O lâche trahison !	Pour lui point de pardon !
Ah ! je perds tout au monde !	Il n'aimait qu'elle au monde !
Et la douleur profonde	Et sa fureur qui gronde,
Qui là... s'agite et gronde	Redoutable et profonde,
Égare ma raison !	Égare sa raison !

(*Pierre et Danilowitz sortent par la gauche en causant, paraissent dans les jardins.*)

SCÈNE IV.
GRITZENKO, *seul et toujours immobile.*

Je comprends la colère de mon empereur : ça fait grand tort à la discipline que la jeune recrue George Skavronski, du régiment de Novogorod, n'ait pas été jugée et fusillée, après un soufflet authentique. Certainement, pour le bon ordre et l'exemple, il faut qu'il y ait quelqu'un de fusillé... il en faut un ! c'est juste !.. je comprends bien ! Mais que ce soit moi je ne comprends pas... à moins que ce ne soit pour n'avoir pas représenté le prisonnier qui m'était confié... alors... je ne dis pas !.. et ce sera désormais une bonne leçon pour prendre garde et observer la consigne !...

(*Se retournant vivement du côté droit.*)

SCÈNE V.
GRITZENKO, GEORGE et PRASCOVIA.

GRITZENKO, *brusquement.*
Qui va là ! Que voulez-vous ? d'où venez-vous ?
PRASCOVIA.
Nous arrivons de la Finlande !
GEORGE.
A pied, monsieur !
GRITZENKO.
A pied !
PRASCOVIA.
Oui ! et le chemin ne nous a pas paru long !

ROMANCE.
PREMIER COUPLET, *montrant George.*
Sur son bras m'appuyant,
Je m'arrêtais souvent
Près de l'eau qui murmure
Et fuit à travers la verdure,
Roulant ses flots amoureux...
Et nous rêvions près d'eux
Tous les deux !

DEUXIÈME COUPLET.
Je cueillais des bluets !
Je riais ! j'écoutais
Les oiseaux, qui sans cesse
Gazouillaient leur tendresse
Et leurs chants amoureux...
Et nous faisions comme eux
Tous les deux !

GRITZENKO.
Ainsi donc j'ai cru comprendre que vous étiez Finlandais ?
PRASCOVIA.
Oui, monsieur le caporal.
GRITZENKO.
Très bien... J'ai ordre du czar de laisser entrer au palais tous ceux qui viennent des environs de Wiborg.
PRASCOVIA.
Nous en venons.
GRITZENKO.
Vous êtes charpentiers... comme les autres ?
GEORGE.
Du tout. Je suis soldat : George Skavronski.
GRITZENKO, *vivement.*
Ah bah ! George Skavronski.
PRASCOVIA.
Du régiment de Novogorod !
GRITZENKO, *poussant un cri.*
Ah ! mon Dieu ! Troisième bataillon ?...
GEORGE.
Oui, monsieur.
GRITZENKO.
Troisième compagnie ?...
PRASCOVIA.
Oui, caporal... (*à George.*) Montre donc ta feuille de route.
GRITZENKO, *prenant le papier, qu'il ne lit pas.*
C'est exactement cela !... ça doit être ça, c'est mon homme !... excepté qu'il ne lui ressemble pas le moins du monde... (*Prenant le papier que George lui présente.*) Mais peu importe !... ses papiers sont en règle... et à moins que vous ne soyez deux... du même régiment... et du même nom...
GEORGE.
Justement !... nous sommes deux !
GRITZENKO.
Je n'en demande pas tant ! un seul me suffit... Et puisque vous voilà...
GEORGE.
Bien plus tard que je n'aurais voulu... J'ai couru nuit et jour après le régiment de Novogorod... il avait quitté le champ de bataille... et elle... c'est-à-dire lui... George Skavronski, du troisième bataillon... pas de nouvelles... Que faire ?... qu'est-elle devenue ?... Vous comprenez...
GRITZENKO.
Pas trop !... mais allez toujours... allez...
GEORGE.
Eh bien !... eh bien !... j'allais disant à chacun : Je suis George Skavronski, et à ce nom, un émissaire d'un général, d'un aide de camp du czar, nous a arrêtés ma femme et moi... avec les plus grands égards, et nous a conduits ici à Saint-Pétersbourg... au palais... Vous comprenez ?
GRITZENKO.
Pas trop !
GEORGE.
C'est moi ! monsieur... c'est moi... qui viens remplacer l'autre, et vous prie de me prendre pour lui.
GRITZENKO.
Moi d'abord... je vous reçois, je vous accepte... pourvu que l'empereur n'en demande pas davantage et consente à la chose.
PRASCOVIA.
Il ne peut pas s'y opposer.
GRITZENKO.
Vous croyez !
GEORGE.
Eh ! oui sans doute... l'autre George... c'est moi... ça me regarde !
GRITZENKO.
Mais tout ce qu'il a fait...
PRASCOVIA.
C'est pour lui !... c'est pour son compte !
GEORGE.
C'est pour moi !... c'est pour mon compte...
GRITZENKO, *portant la main à sa joue.*
Ah ! diable !... c'est vous... qui... alors je vous plains... parce que la punition...
GEORGE.
Raison de plus... me voilà... me voilà prêt... Et pour commencer...
GRITZENKO.
Soit ! pour commencer... vous allez être fusillé !
GEORGE et PRASCOVIA.
O ciel !
GRITZENKO.
Deux fois... premièrement comme déserteur.. deuxièmement pour m'avoir donné un soufflet à moi...

PRASCOVIA et GEORGE.

A vous ?...

GRITZENKO.

Ce dont je vais faire mon rapport à mon empereur... Attendez-moi là... tous deux?

GEORGE et PRASCOVIA.

Mais, monsieur le caporal.

GRITZENKO.

Fusillé!...

(Il sort par la gauche.)

SCÈNE VI.
GEORGE, PRASCOVIA.

GEORGE, *tremblant*.

Fusillé!

PRASCOVIA.

Fusillé!!

GEORGE.

Fusillé!!!

PRASCOVIA.

Fusillé!!!!

GEORGE.

Oh!... la foudre... à mes yeux... a brillé!
Mon esprit... incertain... effrayé...
Ne voit rien... dans ce nœud.... embrouillé
Je ne sais... si je suis... éveillé!
Fusillé!

PRASCOVIA.

Fusillé!!

GEORGE.

Fusillé!!!

PRASCOVIA.

Fusillé!!!!

(*Voulant l'entraîner vers la droite.*)
Essayons d'échapper au sort qui te menace,
Viens-t'en?

GEORGE.

Je ne peux pas! ma sœur a pris ma place!
Je dois prendre la sienne!

ENSEMBLE.

GEORGE, *s'efforçant de chasser sa frayeur.*

Oui, j'aurai du courage,
Je veux, je dois mourir!
A la fleur de mon âge
Je sens qu'il faut partir!
Loi terrible et sévère!
Partir!... et sans retour
En laissant sur la terre
Le bonheur et l'amour!

PRASCOVIA.

Je n'ai pas le courage
De te laisser mourir!
A la fleur de ton âge
Quoi! tu voudrais partir?...
Ah! si je te suis chère,
Un jour, encore un jour!
Un seul jour sur la terre
De bonheur et d'amour!

PRASCOVIA.

Quoi! quinze jours de mariage,
Et c'est fini!

GEORGE, *avec désespoir*.

Tais-toi! tais-toi!

PRASCOVIA.

Quand nous faisions si bon ménage!

GEORGE, *de même*.

De grâce, prends pitié de moi!

PRASCOVIA.

Lorsque la vie était si belle!...

GEORGE.

Tais-toi.... Mon courage chancelle!

PRASCOVIA.

Quand nous pouvions, jeunes tous deux,
Pendant si longtemps être heureux!

GEORGE.

O terrible et cruelle épreuve!

PRASCOVIA.

Quoi! tu voudrais me laisser veuve!

GEORGE.

Tais-toi! Mon courage s'en va!!!

PRASCOVIA, *redoublant de caresse*.

Cet adieu... ce baiser... que je te donne là,
(*Elle l'embrasse.*)
Serait-ce donc le dernier!...

GEORGE, *ne pouvant plus résister*.

Ah! ah!
Non, je ne veux pas mourir!...

ENSEMBLE.

(*Ils regardent autour d'eux si personne ne les écoute.*)
Il faut sans bruit
Fuir dans la nuit
Et déloger
D'un pied léger!
Que diront-ils quand ils viendront
Et chercheront?
Je ris vraiment
En y pensant!

(*Tous les deux s'élancent vers la porte à droite, par laquelle ils sont entrés. Paraît un grenadier.*)

LE GRENADIER.

On ne passe pas!...

PRASCOVIA.

Prenons alors par l'autre porte!...

(*Elle fait quelques pas vers la porte à gauche, et recule en voyant entrer Danilowitz.*)

SCÈNE VII.

DANILOWITZ *entre en rêvant*; PRASCOVIA *s'est rapprochée tout effrayée de* GEORGE *qui est resté au fond*.

GEORGE.

Qu'as-tu donc?...

PRASCOVIA.

Ce colonel, ce général... qui ressemble à s'y méprendre à notre ancien ami, Danilowitz le pâtissier.

GEORGE.

Allons donc!...

DANILOWITZ, *les reconnaissant*.

Ciel!... (*S'adressant aux soldats qui sont restés près de la porte à gauche.*) Emmenez ces deux prisonniers et ne les perdez pas de vue?...

PRASCOVIA, *étonnée*.

Sa voix aussi!...

GEORGE, *étonné*.

C'est ma foi vrai!... Et si ce n'était son uniforme...

DANILOWITZ, *s'adressant à eux d'un air sévère*.

Qu'y a-t-il! Qu'avez-vous!

PRASCOVIA et GEORGE, *tremblants*.

Rien... rien... monseigneur,

demi-voix et se disputant entre eux en reculant vers la porte à droite.)

GEORGE, *regardant toujours Danilowitz*.

Tu vois bien que ce n'est pas lui!...

PRASCOVIA, *de même*.

Quand je te le disais!

GEORGE, *de même*.

Tu me disais que si!

PRASCOVIA, *de même*.

Parce qu'il y a quelque chose.

GEORGE.

C'est évident... Mais quelque différence.

PRASCOVIA.

Dans la taille!...

GEORGE.

Celui-là est plus grand!...

DANILOWITZ, *avec colère*.

Sortez!

(*George et Prascovia sortent tous les deux en se disputant.*)

SCÈNE VIII.
DANILOWITZ, puis PIERRE.

DANILOWITZ, *respirant*.

Ils s'en vont!... heureusement! car voici Pierre!... et leur surprise aurait été bien plus grande encore à la vue de Sa Majesté le charpentier. (*Regardant Pierre.*) Eh! mon Dieu, sire, quel air agité?

PIERRE, *cherchant à se modérer*.

Ce n'est pas sans raison! et tu vas tout m'expliquer!... ou sinon!... En traversant tout à l'heure l'endroit retiré du palais où sont placés tes appartements... j'ai entendu une voix que je n'ai pu méconnaître, celle de Catherine!... Catherine chez toi!! Et cachée!...

DANILOWITZ, *froidement*.

PIERRE, *avec fureur.*

Si je le crois!!! à telles enseignes qu'elle chantait à haute voix cet air que George, son frère, m'avait autrefois appris sur la flûte. Cet air qu'elle et moi connaissons seuls en ce palais? Nieras-tu maintenant? oseras-tu nier?

DANILOWITZ.

Non, sire! c'est la vé... !! Depuis ce matin!... après mes ordres et la récompense par moi promise, la paysanne qui pendant quinze jours l'avait recueillie dans sa chaumière me l'a amenée...

PIERRE.

Et tu ne me l'avais pas encore dit?

DANILOWITZ.

Je n'osais pas!

PIERRE.

Et pourquoi?

DANILOWITZ, *hésitant.*

Parce qu'elle était ici, sans y être !... ce n'est plus elle !...

PIERRE.

Qu'est-ce que cela signifie?

DANILOWITZ.

Que votre infidélité dont elle a été le témoin, sa condamnation, ce fleuve qu'elle a traversé à la nage, cette blessure qu'elle a reçue... tant de secousses à la fois ont ébranlé sa raison!

PIERRE, *poussant un cri.*

Ah !... Catherine si forte! si courageuse! (*Avec douleur.*) Si tu savais quels projets j'avais formés sur elle... sur elle... mon guide et mon étoile!

DANILOWITZ, *avec ménagement.*

Le temps et nos soins vous la rendront, il ne s'agit que d'attendre...

PIERRE, *avec emportement.*

Attendre ! je ne le puis !

DANILOWITZ.

Dans son délire même elle parle sans cesse de Pierre.

PIERRE, *avec émotion.*

De moi?

DANILOWITZ.

Tout à l'heure encore vous l'avez entendue... elle redisait cet air que vous et George répétiez si souvent sur la flûte ; son idée fixe, c'est son village !

PIERRE, *poussant un cri d'espoir.*

Ah!

DANILOWITZ.

C'est ce toit où elle vous a connu! c'est son frère, sa sœur tous les siens qu'elle appelle et qu'elle désespère de revoir !

PIERRE, *portant la main à son front.*

Ah!... (*S'adressant à Danilowitz.*) Écoute !... qu'on la délivre! qu'on la conduise ici !... et puis... (*Entrent quelques officiers du palais : il leur parle à voix basse. Danilowitz a l'air de faire des observations.*)

PIERRE, *à Danilowitz.*

Je prends tout sur moi !... que mes ordres soient fidèlement exécutés, c'est à toi de les transmettre ici à tout ce monde... (*Avec colère.*) Et maintenant laissez-moi !... laissez-moi tous ! (*Tous sortent.*)

SCÈNE IX.

PIERRE, *seul.*

Oui, l'amour n'est qu'un vain mot, ou ce moyen doit me la rendre ! il me la rendra ! je le veux... je le veux ! quand devant cette volonté tout devrait se briser, même mon existence ! (*Regardant vers la droite.*) C'est Catherine... c'est elle !... (*S'élançant par la porte à droite.*) Allons!

(*Il sort par la porte à droite sur la ritournelle de l'air suivant.*)

SCÈNE X.

CATHERINE, *sortant de la porte de gauche. Elle est vêtue de blanc.*

FINALE.

Quelle douce lueur succède
A la nuit qui couvrait mes yeux !
O ma mère, viens à mon aide!
Suis-je sur terre ou dans les cieux?
(*Cherchant à rappeler ses idées.*)
Oui... dans mon souvenir... glisse comme un nuage
De mille objets confus le bizarre assemblage,
Qui brille... revient... s'enfuit,
Et dans l'ombre s'évanouit.
Et pourtant,
Quelle douce lueur succède
A la nuit qui couvrait mes yeux
O ma mère !... viens à mon aide!
Suis-je sur terre ou dans les cieux?

(*On entend en dehors le chœur des ouvriers finlandais qu'on a entendu à la première scène du premier acte.*)

CHŒUR, *en dehors.*

Sous cet ombrage,
Après l'ouvrage,
Délassons-nous de nos travaux !
Heure chérie
Où tout s'oublie,
Où le bonheur est le repos !
Le vrai bonheur, c'est le repos !

(*Catherine, aux premières mesures du chœur précédent, est restée frappée de surprise.*)

CATHERINE.

Mon sommeil dure encore !... et j'entends dans mon rêve
Les chansons qu'en Finlande entonnait sur la grève
L'ouvrier matinal !...

(*Les contrevents qui fermaient la grande croisée du fond sont retirés en dehors, et l'on aperçoit à gauche la maison de Catherine qu'on a vue au premier acte. Au fond, le village de Wiborg. Les ouvriers finlandais qu'on a vus au premier acte, vêtus des mêmes habits, sont groupés comme ils l'étaient à la première scène.*)

CATHERINE, *poussant un cri de surprise.*

Ciel !...
(*Cachant sa tête dans ses mains.*)
J'ai cru voir à travers un nuage
Apparaître mon village !
Est-ce une ombre... est-ce l'image
De ces lieux, jadis,
Par moi tant chéris !

(*Le châssis vitré qui fermait le fond disparaît et les ouvriers entrent en scène.*)

UN OUVRIER, *s'adressant à Catherine qui s'approche timidement.*

Eh bien !... la cantinière... tu ne nous verses pas à boire ! est-ce que ton baril est à sec?

UN AUTRE.

Est-ce qu'il n'y a pas ce matin le petit verre de rhum ou de kirsch pour les charpentiers?

TOUS, *appelant.*

Allons donc! Catherine! Catherine!

CATHERINE, *toute troublée.*

(*La musique reprend.*)
Me voici !... me voici !... (*A part.*) C'est bien moi qu'on appelle
(*Prenant son baril qu'un ouvrier lui présente.*)
Et mon baril de rhum... qui m'est resté fidèle !
(*Regardant les ouvriers.*)
Voici bien mes amis !... les voici revenus !
(*A part avec une expression de joie.*)
Mes amis !... (*Avec douleur.*) Je croyais que je n'en avais plus !

TOUS LES OUVRIERS, *avec impatience.*

Catherine ! Catherine !...

SCÈNE XI.

LES PRÉCÉDENTS ; DANILOWITZ, *en pâtissier, comme au premier acte, avec un plateau de pâtisseries comme au premier acte.*

DANILOWITZ.

Voici !... voici ! qui veut des tartelettes?
Comme elles sont friandes et bien faites!
Et ces jolis gâteaux,
Voyez comme ils sont beaux!
Surtout comme ils sont chauds!

CATHERINE, *qui pendant quelques instants l'a regardé avec surprise.*

Danilowitz !... le pâtissier!
(*A part.*)
Il me semble pourtant qu'il était officier...
(*Cherchant.*)
Où donc?... où donc?... Ah! je me le rappelle...
(*Elle s'élance vers lui pour l'interroger. Danilowitz lui présente son plateau.*)

DANILOWITZ, *parlant sur la musique qui continue toujours.*

Eh bien, Catherine, tu ne m'achètes pas aujourd'hui des gâteaux? je comprends... tu te hâtes de retourner à la maison de ton frère qui t'attend avec impatience !...
(*La musique reprend.*)

CATHERINE, *portant la main à son front.*

Quel nuage plus sombre obscurcit ma raison...
Mon frère, m'a-t-il dit ?.., mon frère,... et sa maison !...

DANILOWITZ, *parlant.*

Où il y a fête aujourd'hui pour son mariage avec Prascovia !

CATHERINE.

Son mariage !...

(Reprise de l'air.)
Est-ce une erreur nouvelle?
Est-ce une ombre, l'ombre fidèle,
L'âme errante de mes amis
Par moi tant chéris!

SCÈNE XII.

LES PRÉCÉDENTS; GEORGE, PRASCOVIA, *en habits de mariés, comme au premier acte ;* REYNOLDS, *l'oncle de Prascovia, et tous les invités du premier acte habillés de même.*

CHOEUR.
Prenez vos habits de fête,
O le plus beau des maris!
Car voici, musique en tête,
Vos parents et vos amis!
(*Catherine, pendant le chœur précédent, s'est approchée doucement et pas à pas de Prascovia et de George, et n'ose les toucher, tant elle a peur de les voir s'évanouir comme une ombre.*)

GEORGE, *tout troublé et parlant sur la musique.*
Eh! mais, Catherine... qu'as-tu donc, et qui t'empêche de nous embrasser comme à l'ordinaire?

PRASCOVIA.
Ce n'est pas pour te gronder, mais tu t'es joliment fait attendre pour la noce.

CATHERINE. (*La musique reprend.*)
La noce!
(*A George qu'elle prend par la main.*)
Viens, mon frère!
Viens... c'est toi qui par moi seras seul écouté...
Je ne croirai que toi!... dis-moi la vérité?

GEORGE, *bas à Prascovia.*
Et Danilowitz qui nous a ordonné de mentir sous peine de colère de l'empereur!...

CATHERINE.
Dis-moi si ma raison est à jamais perdue?

GEORGE ET PRASCOVIA, *riant.*
Quelle idée!... allons donc!

CATHERINE, *cherchant à rappeler ses souvenirs.*
Pourtant, je vois encor... ce camp et ces soldats!...
Et cet ingrat... pour qui j'ai bravé le trépas!
Péters... qui m'a trahie!... (*Vivement.*) Oui, je me le rappelle,
J'en suis sûre à présent.... il était infidèle!...

GEORGE, *parlant sur la musique.*
Voilà une imagination!... Ce pauvre Péters qui t'aime et n'a jamais aimé que toi... à telles enseignes qu'il est déjà à la maison depuis ce matin, pour prendre la leçon soi-disant (*tirant sa flûte de sa poche*), mais dans le fait... pour t'y attendre.

CATHERINE.
Vous me trompez... ailleurs il a porté ses pas.
(*On entend en dehors l'air de flûte que Pierre jouait au premier acte.*)

CATHERINE, *parlant sur la ritournelle.*
Ah! mon Dieu... cet air... qui donc le jouait ainsi? Ah! lui!.. lui... Péters!...

SUITE DU FINALE.

GEORGE, *avec bonhomie.*
Eh! oui, c'était Péters... oui, le fait est certain.

CATHERINE.
C'est bien lui l'air que chaque matin
Il répétait avec mon frère!

GEORGE, *de même.*
Avec moi-même! eh! oui, la chose est claire!

CATHERINE.
C'est lui... je le reconnais... je le dirais... je crois.
(*Elle chante l'air, et la flûte, qui s'est fait entendre à gauche l'accompagne.*)

CATHERINE.
O prodige nouveau!
N'est-ce pas un écho?
(*Avec extase.*)
Ne va pas me fuir,
Doux souvenir,
Où mon espoir se fonde!
O rêve heureux
Par qui s'ouvrent les cieux!

(*Écoutant.*)
L'écho se tait. (*A son frère.*) Réponds pour que l'écho réponde.

(*Georges, qui est à droite du théâtre, joue sur sa flûte l'air qui reprend la flûte à gauche.*)
Cet air si cher m'enivre et porte dans mes sens
Le parfum des fleurs au printemps
(*En ce moment Pierre paraît : Catherine pousse un cri et tombe évanouie dans les bras de Pierre. Danilowitz, George et Prascovia l'entourent.*)

DANILOWITZ, *effrayé.*
Morte!... morte!...

PIERRE, *tenant toujours Catherine dans ses bras.*
Non, non, la joie ne tue pas!
Dans ce moment des groupes d'officiers, de seigneurs, de dames de la cour, entrent de droite et de gauche. Des dames d'honneur portant le manteau impérial l'attachent sur les épaules de Catherine encore évanouie, que le czar soutient toujours dans ses bras. D'autres dames posent sur son front la couronne, tandis que Prascovia, à genoux devant elle, attache à son côté le bouquet blanc de mariée. En ce moment, Catherine ouvre les yeux, sa raison est revenue ; elle craint de la perdre de nouveau. Elle touche avec étonnement son manteau, porte la main à sa couronne.

CATHERINE.
O ma mère!... tu me l'avais dit... pour moi... la gloire... le bonheur!

PIERRE, *lui montrant la cour qui l'environne.*
Ils sont ici!...

CATHERINE, *se jetant dans ses bras.*
Non!... là!

CHOEUR.
Vive notre impératrice!
Notre étoile protectrice!
Qu'elle soit toujours
Et notre gloire et nos amours!

(*Les tambours battent aux champs, les épées brillent. Cri général :* VIVE L'IMPÉRATRICE! *La toile tombe.*)

DIALOGUE *qui peut remplacer le Trio du troisième acte.*

GRITZENKO.
Je voudrais... je voudrais... de l'avancement.

PIERRE.
En vérité!.. Quels sont tes droits?

DANILOWITZ.
Parle! c'est le moment!.. il est de bonne humeur!

GRITZENKO.
Lors du dernier combat... l'empereur se rappelle peut-être Gritzenko, qui reçut...

PIERRE.
Une blessure...

GRITZENKO.
Non! un soufflet!

PIERRE et DANILOWITZ, *étonnés.*
Un soufflet!!!

GRITZENKO.
Donné par une jeune recrue que j'avais établie en faction près de votre tente!...

DANILOWITZ, *à part.*
Grand Dieu! tais-toi...

PIERRE.
Eh oui... je m'en souviens... je le reconnais... c'est lui qui fut cause de tout... Et ce jeune soldat qu'est-il devenu? tu le sais...

GRITZENKO.
Un peu!...

PIERRE, *avec amitié.*
Ah! parle alors! parle donc!

GRITZENKO.
Voyant mon prisonnier se jeter dans la rivière et braver ainsi à la nage toutes les lois de la discipline, j'ai saisi mon mousquet et le coup est parti!

PIERRE.
O ciel!

DANILOWITZ.
Atteint?

GRITZENKO, *avec satisfaction.*
Je crois que oui.

PIERRE.
Tué?

GRITZENKO, *avec tristesse.*
Je crois que non!

DANILOWITZ, *à demi-voix.*
sa colère!.. Va-t'en...

GRITZENKO.
Ce n'est pas ma faute ! j'ai visé de mon mieux.
PIERRE, *qui a été prendre sa hache revient vers lui furieux.*
Misérable !
DANILOWITZ, *relevant le bras du czar.*
Quelle aveugle colère !... Sire... de grâce !... daignez m'entendre.
GRITZENKO.
Il disait pourtant que le czar était dans son jour de bonne humeur... J'ai bien fait de ne pas le prendre dans un jour de mauvaise.
PIERRE.
Écoute !
GRITZENKO.
Oui, Majesté !
PIERRE.
Si ce jeune soldat sur lequel tu as fait feu n'existe plus...
GRITZENKO.
Oui, Majesté !
PIERRE.
S'il n'est pas retrouvé demain !
GRITZENKO.
Oui, Majesté !
PIERRE.
Je te fais fusiller toi-même !...
GRITZENKO.
Oui, Majesté !
PIERRE.
Tu comprends, j'espère ?
GRITZENKO.
Oui, Majesté !
PIERRE.
Et qu'en dis-tu ?
GRITZENKO.
Je dis que Votre Majesté est contrariée de ce que je l'ai manqué !
PIERRE, *avec impatience.*
Ah ! impossible de rien faire comprendre à ces brutes-là ! *Danilowitz.*) Viens... suis-moi !
(*Ils sortent tous deux par la porte à gauche.*)

FIN

www.ingramcontent.com/pod-product-compliance
Lightning Source LLC
Chambersburg PA
CBHW070539050426
42451CB00013B/3083